NOUVELLES
RECHERCHES

SUR L'ORIGINE ET LA DESTINATION

DES

PYRAMIDES D'ÉGYPTE.

Ouvrage dans lequel on s'applique à démontrer que ces Merveilles renferment les principes élémentaires des Sciences abstraites et occultes, ainsi que ceux des Arts utiles à la Société :

SUIVI

D'UNE DISSERTATION
SUR LA FIN DU GLOBE TERRESTRE.

Par A. P. J. DE V....

PARIS, 1812.

Imprimé chez CHARLES, rue de Thionville, N° 36.

Et se trouve

Chez TREUTTEL et WÜRTZ, et les principaux Libraires de la France et de l'Etranger,

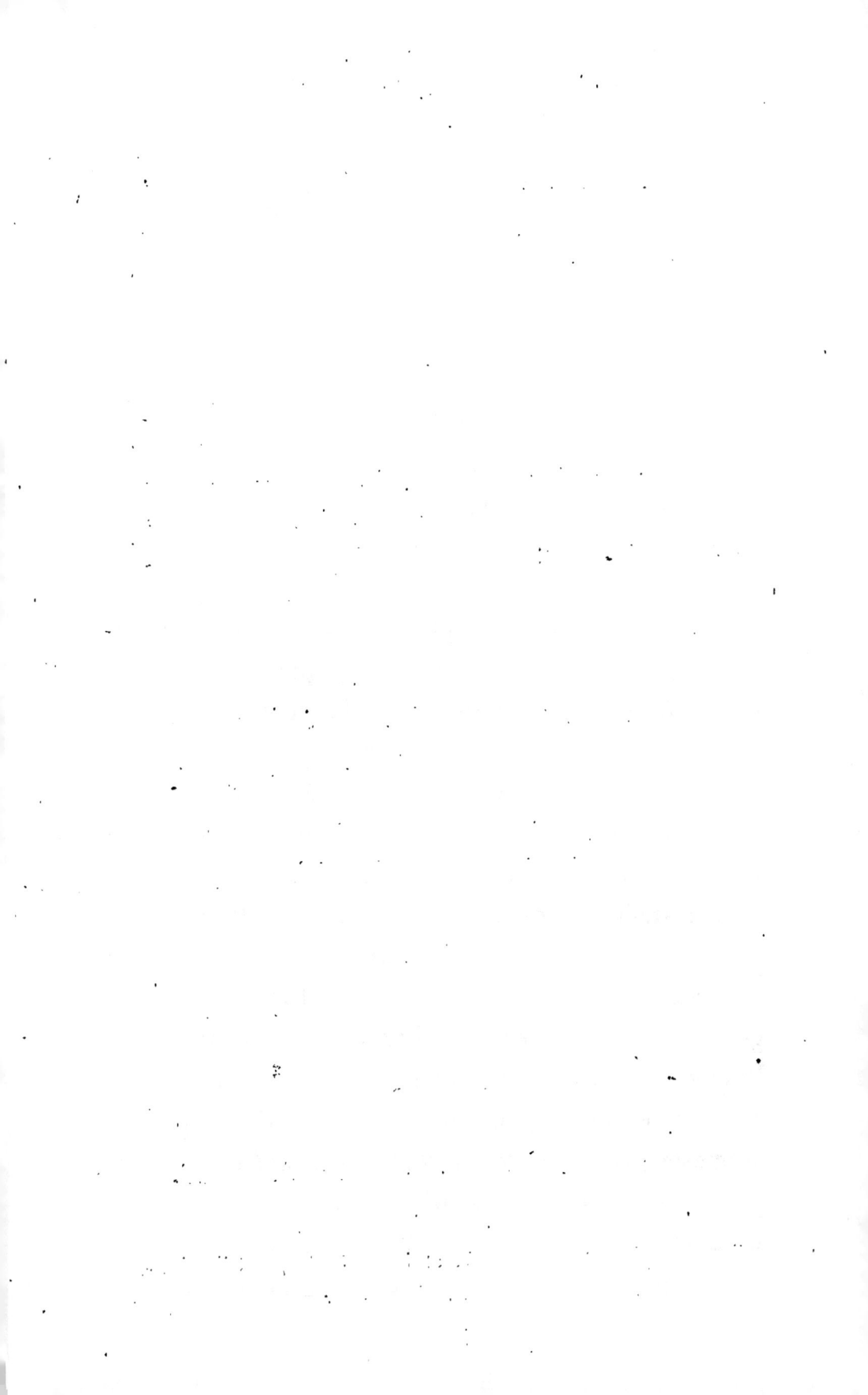

AVANT-PROPOS.

———

L'ORIGINE des Pyramides a été l'objet des recherches des hommes les plus instruits de tous les âges. Cependant toutes ces recherches n'ont produit jusqu'ici que de simples conjectures, des hypothèses plus ou moins probables, sans aucun degré de certitude. L'opinion la plus générale attribuait ces monumens aux anciens rois d'Egypte, qui les auraient destinés pour leur servir de mausolées, et à perpétuer la mémoire de leur existence sur la terre. Mais indépendamment de l'obscurité qui règne dans l'histoire de ces anciens rois, dont on connaît à peine les noms, l'intérieur de la grande Pyramide et sa distribution semblent s'opposer à cette destination, puisque, d'après les dimensions connues des ouvertures et des canaux qui conduisent dans la grande salle, il aurait été impossible d'y introduire l'espèce de sarcophage qu'on a trouvé dans cette salle. Il ne reste donc, pour soutenir cette idée, que de supposer, ou que ce sarcophage y a été introduit par en haut avant de terminer les combles, ou bien qu'il doit exister d'autres entrées pour pénétrer dans l'intérieur qui n'ont pas encore été découvertes.

Quoi qu'il en soit, l'incertitude qui existe à cet égard a fixé depuis long-temps l'attention des savans et des voyageurs. Quelques-uns n'ont vu dans ces masses énormes que l'ouvrage de l'homme ; d'autres ont cru y reconnaître celui de la nature ; et l'auteur du présent Mémoire croit y trouver les traces d'êtres surnaturels. Ses argumens sont tirés de l'Ecriture-Sainte et de différens anciens auteurs.

Il y a trente ans qu'un savant distingué de l'Allemagne, M. Witte, a publié un traité en langue allemande, sur *l'origine des Pyramides et des ruines de Persépolis*, dans lequel il cherche à prouver, par des raisons physiques, que ces ouvrages, imposans par leur masse et leur singulière construction, ne sont que les produits d'éruptions volcaniques, et les restes et documens d'un ancien bouleversement total du globe. Il regarde les Pyramides comme des buttes de basalte élevées dans leurs formes actuelles, au-dessus de la surface de la terre, par l'explosion de volcans souterrains.

Le *Labyrinthe* a été formé, selon lui, par une éruption de lave au-dessus de la terre, comme les Catacombes l'ont été au-dessous de sa surface. Le Lac *Mœris*, enfin, peut être regardé, d'après le même auteur, comme le crater d'un immense volcan, qui, par la suite des siècles, s'est probablement affaissé au point de former aujourd'hui le bassin d'un lac.

Cet ouvrage qui, malgré la singularité et la nouveauté des opinions de l'auteur, mérite l'attention des savans et des naturalistes, a paru à Leipsick, sous le titre de *Versuch über den Ursprung der Pyramiden in Egypten, etc.*, ou *Essai sur l'origine des Pyramides en Egypte, et celle des ruines de Persépolis,* par S. S. Witte, 130 pag. gr. in-8°.

Il convient de citer encore ici quelques passages qu'on trouve dans la *Bibliothèque Orientale* de M. d'Herbelot. Il y est dit, page 396 : édition in-fol. Paris, 1697.

« *Gian* et *Gian-Ben-Gian.* C'est le nom d'un monarque de cette espèce de créatures que les Arabes appellent *Gian* ou *Giun;* les Persans *Giannian* et les Turcs, *Giniler* et *Ginler.* Le Tarikh-Thabari, dit qu'il était monarque des Peri ou Fées, qui ont gouverné le monde pendant deux mille ans, après lesquels Eblis fut envoyé de Dieu pour les chasser, et confiner dans une partie du monde la plus reculée, à cause de leur rébellion. »

« L'histoire de Tahmurath en turc, fait souvent mention de cette espèce de créatures, laquelle a été enfin exterminée par de fréquentes guerres; et dans l'épitaphe de Kaiumarath, premier roi de Perse, et empereur de tout l'Orient, il est fait mention de *Gian-Ben-Gian* en cette manière : « Qu'est devenu le peuple de *Gian* fils de *Gian.* Regarde ce que le temps en a fait. »

« Les expéditions militaires et les ouvrages superbes de ce grand monarque sont couchés dans le Tahmuras-Nameh, et les Pyramides d'Egypte, selon la tradition des orientaux, sont des monumens de sa grande puissance. »

M. d'Herbelot renvoye, après cela, entre autres à l'article Ehram, *qui contient ce qui suit :*

« *Ehram* ou *Eheram*, pluriel arabe de *Herem*, qui signifie une vieillesse décrépite. Ce pluriel joint à l'article, fait *al-Eheram*, et signifie les Pyramides d'Egypte, à cause de leur grande antiquité. Le sentiment presque général des musulmans, qui est rapporté par l'auteur du Nametallah, est que ces Pyramides ont été élevées avant Adam, par *Gian-Ben-Gian*, monarque universel du monde dans les siècles qui ont précédé, selon eux, la création du premier père du genre humain. »

Quant à la *Dissertation sur la fin du Globe*, plusieurs astronomes ont reconnu la possibilité d'une pareille catastrophe, tels que *Newton, Lalande, Olbers*, et tout récemment M. *Morel de Vindé*; dans un écrit digne de fixer l'attention des naturalistes, intitulé : *Des Révolutions du Globe; conjecture formée d'après les découvertes de* LAVOISIER, *sur la décomposition et la recomposition de l'eau*, in-8°. *Paris, chez Mad. Huzard*. 1811.

NOUVELLES

RECHERCHES

SUR

L'ORIGINE ET LA DESTINATION

DES PYRAMIDES D'ÉGYPTE.

———

Les Pyramides d'Egypte ont été, dans tous les siècles, le sujet de la méditation des hommes les plus éclairés. Ces monumens éternels de la sagesse ou de la folie des hommes, ces dépôts indestructibles des sciences les plus élevées, ou du plus sot orgueil, portent un caractère si grand, si imposant, et surtout si extraordinaire, qu'on ne doit pas être étonné qu'ils aient excité l'attention des philosophes et des observateurs les plus réfléchis. Mais personne, jusqu'à ce moment, n'a pu encore nous donner une explication positive, ni même un système satisfaisant sur le but et sur l'emploi de ces inconce-

1

vables monumens. Personne ne nous apprend
ni quand, ni par qui ils ont été élevés : toutes
les conjectures qu'on imagine à cet égard sont
hypothétiques ; chacun divague à sa manière,
et la réunion des divers sentimens, depuis Hérodote jusqu'aux voyageurs les plus modernes,
ne nous offre rien qui puisse fixer notre opinion, et nous laisse encore aujourd'hui dans le
même état d'incertitude où l'on était il y a plus
de 3000 ans ; l'admiration et la surprise restent
les mêmes.

Je vais essayer de développer mes idées sur
un sujet aussi intéressant, puisque les Pyramides
sont les plus anciens et les plus vastes monumens qui existent sur la terre. Mais doit-on
les considérer comme des ouvrages faits par la
main des hommes ou par la puissance d'êtres
surnaturels ? C'est là le point de la question ;
car il s'agit de décider si on doit attribuer ces
merveilles à des êtres qui n'ont qu'une puissance presque nulle, ou à des êtres qui ont
une puissance indéfinie.

Je conçois que cette idée va paraître ridicule,
extravagante, et digne enfin de figurer parmi
les *Mille et une Nuits*, et je passe condamnation,
si quelqu'un peut me prouver, par des raison-
nemens sensés, appuyés de preuves, et non par

---

de grossières critiques, le contraire de ce que je me propose de discuter aujourd'hui ; d'ailleurs ma défense s'appuie essentiellement sur cette proposition.

Les hommes ont-ils jamais eu assez de génie, assez de force pour bâtir en Égypte la quantité prodigieuse de Pyramides, et toutes les autres merveilles qu'on y rencontre ? Dans cette supposition, pourquoi ces êtres si fiers de leurs connaissances, et qui ont eu tant de moyens de les perfectionner depuis plus de 4000 ans, n'ont-ils pas produit depuis tant de siècles, et dans aucun coin de notre terre, un seul monument capable d'être comparé à ceux de l'Égypte, par leur vastitude et leur solidité ? Cependant les hommes ont toujours été de la même espèce, l'envie d'éterniser leur mémoire les a toujours dominés ; les Assyriens, les Perses, les Grecs et les Romains, ont cherché à laisser partout des traces de leur orgueil, et pourtant pas un d'eux n'a laissé un monument durable. Leurs temples, leurs villes ont été la proie du temps, et les Pyramides seules ont survécu au laps de tous les siècles et aux ravages de tant de peuples qui ont fait successivement la conquête de l'Égypte.

Que faut-il conclure de ce raisonnement, si

1 *

ce n'est qu'on peut croire, ou au moins soup-
çonner que la construction et la conservation
de ces monumens sont hors de la puissance
humaine, et qu'il faut en attribuer le prodige,
à des êtres supérieurs, dont l'existence et la
communication ont cessé d'être à la connaissance des mortels depuis un nombre infini d'années.

L'Ecriture sainte vient à l'appui de ce raisonnement : Moïse et les prophètes nous parlent
sans cesse des bons et des mauvais esprits qui
avaient une communication immédiate avec les
hommes : ces esprits avaient une mission, et le
but de cette mission était une correspondance,
dont la sience est perdue aujourd'hui pour nous.

Mais aux yeux de qui l'Ecriture-Sainte peut-
elle servir d'autorité dans le siècle où nous
sommes ? Nos prétendus savans la rejettent et
la profanent avec un mépris digne de leur
ignorance ; la plupart regardent Moïse comme
un insensé, Moïse ! ! ! lui qui a écrit *le Penta-
teuque*, ouvrage autant au-dessus des concep-
tions humaines, que le soleil, à son zénith, est
au-dessus des plus épaisses ténèbres.

Cependant tout ce que les hommes peuvent
désirer de savoir se trouve dans la *Bible*, et
dans une prééminence si supérieure que les

auteurs profanes, les plus estimés, ont puisé dans cette source toutes les vérités qu'ils ont converties en fables.

Les *Métamorphoses d'Ovide* en sont une preuve qu'il serait difficile de contester.

Il ne faut qu'ouvrir la Bible, et lire les premiers chapitres de la Genèse pour y trouver le plan et le dénouement de toute la mythologie de ce poète.

Mais par quelle inversion d'idées, par quelle confusion d'expressions, nos philosophes modernes décorent-ils Homère du titre de *divin*, tandis qu'ils n'appellent saint Paul que le grand apôtre? C'est que nos philosophes ont beaucoup trop d'esprit et pas assez de bon sens.

Il s'agit donc de découvrir quelle espèce de créature a dû remplacer les hommes dans la construction de ces inconcevables monumens; car on est obligé de convenir qu'ils n'ont jamais pu être d'aucune utilité au besoin de la vie humaine, et en effet, à quoi auraient pu servir des amas immenses de pierres, dont la base de quelques-uns couvre une surface de quarante arpens; qui n'ont ni portes, ni fenêtres, ni escalier, ni distribution intérieure propres à l'habitation, et qui de plus sont privés de l'air, élément indispensable à l'entretien de la vie, et sans lequel l'homme meurt infailliblement.

Or les choses ne sont relatives qu'aux usages qu'on peut en faire ; et comme il est évident, par la nature de ces constructions, que les hommes ne pouvaient en tirer aucun avantage, il est naturel de croire qu'ils n'ont pas dû s'occuper aussi inutilement, employer tant de moyens, qui dépassent les forces ordinaires de la nature, et perdre un temps aussi considérable pour élever des monumens dont ils ne pourraient faire aucun usage.

Je prouverai par la suite que ces Pyramides n'ont jamais pu être, ainsi que l'ont pensé beaucoup d'historiens, des monumens de faste et d'orgueil consacrés à la sépulture des rois de l'Égypte, puisqu'il est prouvé géométriquement, par les dimensions des passages de leur intérieur, qu'il aurait été impossible de les y introduire après leur mort.

Mais sans abandonner le texte sacré, qui me fournira les preuves les plus évidentes pour découvrir ce qu'il y a de mystérieux dans ces monumens de l'ancienne Égypte, tâchons de démêler, d'après le récit des historiens et des voyageurs les plus accrédités, s'ils n'ont pas été de mon opinion, et s'ils n'ont pas pensé,

ou du moins conjecturé, que ces merveilles
n'ont pu être que l'ouvrage d'êtres surnaturels ; mais s'ils n'ont pas osé l'avouer, je le
ferai pour eux. La vérité a sa trace , et malgré
les illusions qu'on peut se faire, malgré le soin
que l'on prend pour se tromper soi-même ; elle
perce à travers tous les détours qu'on lui oppose. L'homme est honteux de sa faiblesse, et
il préfère s'abuser lui-même plutôt que de convenir qu'il aperçoit une vérité, quand il n'est pas
en son pouvoir de la saisir et de la démontrer.

Hérodote est le premier qui nous a laissé une
description des Pyramides. Ce prince des historiens était né l'an 484 avant Jésus-Christ, la
même année que Darius mourut, et que son
fils Xerxès, dont il a écrit l'histoire, monta
sur le trône des Perses.

Ce célèbre auteur, que le père de l'éloquence
appelle le père de l'histoire, est sans contredit
le plus ancien de tous les historiens, si on
excepte Moïse et ceux qui ont écrit l'histoire
sacrée , et l'on peut dire qu'un ouvrage que le
temps a respecté depuis plus de 2000 ans n'a
pas besoin d'éloges. Mais si Hérodote a été accusé de mensonge, sa franchise le lave assez
de cette inculpation, puisqu'il confesse lui-même *qu'il ne trouve pas vraisemblables toutes*

les choses qu'il écrit ; mais qu'en qualité d'historien *il est obligé d'écrire les choses qui se disent, sans pour cela être obligé de les croire.*

Quoiqu'il en soit, il n'est pas d'historien qui ait reçu de son vivant un pareil honneur et une récompense aussi flatteuse, puisqu'après avoir lu son ouvrage aux jeux olympiques, l'assemblée de toute la Grèce le divisa sous le nom des Muses, pour témoigner qu'il contenait la sagesse, la doctrine, l'éloquence, et toutes les qualités de science et d'esprit qui font les attributs de ces déesses.

Mais avant d'entamer le récit que nous fait Hérodote, dans Euterpe, des Pyramides et des autres merveilles qu'il a vues en Egypte, qu'il me soit permis de jeter un coup-d'œil sur les temps qui l'ont précédé, et qui établissent aujourd'hui, jusqu'à nous, une succession d'années de plus de 4000 ans depuis la création de notre globe, et de 2000 ans depuis le déluge.

D'abord on doit convenir que l'histoire de l'homme, de cet être terraqué, ne commence réellement pour nous que depuis le déluge arrivé l'an 1650 de la création ou de la rénovation de notre globe, puisque les livres saints, qui sont sans contredit les plus anciennes traditions qui nous restent, ne nous font mention seulement que de la généalogie de dix patriarches pour remplir cet intervalle ; que Moïse n'entre dans aucun détail de ce qui s'est passé pendant ces seize siècles, et qu'il en fait un récit si succinct et si rapide, que dès le 6ᵉ chapitre de la Genèse il annonce l'avénement du déluge et la perte de tout le genre humain. Moïse se tait, et son silence a un caractère si mystérieux qu'il effraie l'imagination, et que l'homme n'ose se livrer à aucune réflexion, de peur de participer par la pensée aux crimes qui ont allumé la colère de l'éternel.

Ainsi ce n'est donc que par les enfans de Noé que la terre a été repeuplée, et c'est encore Moïse qui, quoiqu'il soit né 777 ans après le déluge, nous instruit, mais toujours à sa manière, et par un récit extrêmement concis, de ce qui s'est passé sur notre globe depuis le déluge jusqu'à lui. Voilà donc 2427 ans perdus pour l'histoire, et qui n'offrent qu'une trace extrêmement légère de ce qui a pu et dû être rappelé par la mémoire des hommes de ces temps; car il est certain que Moïse n'a rien appris et n'a rien écrit que ce qui lui a été transmis par la mémoire des hommes, puisqu'il n'était éloigné d'Adam que de cinq générations, dont les contemporains, par rapport à la longévité dont

ils ont joui dans le premier âge du monde, ont
dû se communiquer de proche en proche ce
qu'ils tenaient les uns des autres jusqu'à Jocabed , mère de Moïse, et qui était fille de Lévi ,
lequel avait vécu trente - trois ans avec Isaac ;
Isaac, cinquante ans avec Sem ; Sem, quatre-
vingt-treize ans avec Lamech, et enfin Lamech
cinquante-six avec Adam.

Ainsi Sem , le premier fils de Noé , tenait
par un chaînon, qui n'était que de cent quarante-
neuf ans, à ce premier père du genre humain,
et Moïse, par succession généalogique , tenait
à Sem par un second chaînon de quatre-vingt-
trois , ce qui établissait une tradition orale qui
n'avait en tout que deux cent trente-deux ans
depuis Adam jusqu'à lui, rapprochement qui
faisait facilement disparaître vingt-quatre siècles
écoulés jusqu'à la naissance de Moïse ; et ce
rapprochement par rapport au grand âge qu'ont
vécu ces premiers patriarches, est encore moins
étonnant que ce que nous pouvons apprendre
aujourd'hui du siècle de Louis XIV, par des
vieillards qui ont vécu sous son règne.

Mais que de choses admirables et étonnantes
ces deux périodes nous laissent à désirer !
Quelle lacune pour nos connaissances : et si
l'histoire sacrée ne nous avait pas consigné ,

par des caractères ineffaçables, ce qui s'est passé
dans le monde avant ce premier historien, que
saurions-nous des deux époques qui ont précédé
celle où nous datons de l'ère chrétienne? La
naissance de Jésus-Christ a tellement reculé le
souvenir et les traces de l'antiquité, que tout
ce qui s'est passé depuis cette mémorable année,
l'an 4000 du monde, ne peut être regardé que
comme une histoire tout-à-fait moderne, et
qui n'a plus le moindre rapport ni avec la stature, le caractère, le génie et la sagacité des
anciens, ni avec toutes les choses merveilleuses
qui ont eu lieu de leurs temps; ils étaient les
géants de la terre, tandis que nous n'en sommes
plus que les pigmées.

Heureusement que du temps où Hérodote a
été en Egypte, il existait encore de ces Hiéro-
phantes, orateurs sacrés qui, par la nature de
leur institution, avaient conservé la tradition
des faits les plus remarquables, arrivés depuis
le déluge dans ce pays des prodiges. Ainsi
nous lui avons l'obligation de nous reporter
de proche en proche dans l'antiquité, et par
des récits qui tiennent du merveilleux, jusqu'à
la naissance de Moïse, né 777 ans après le déluge; prophète dont l'existence surnaturelle
prouve la mission, et qui fut envoyé dans

cette terre pour opérer les plus grands miracles.

Dans le cours de cette période, on peut dire que les prodiges s'y sont succédés sans interruption depuis le déluge jusqu'à la punition de Pharaon, et de plus on peut croire que cette partie de la terre a été consacrée, depuis sa création, à ces étonnantes manifestations d'un pouvoir surnaturel, soit qu'il procédât immédiatement du créateur, soit qu'il ait agi par ses lois de permission. Et pourquoi, lors de la chute des anges rebelles, vérité attestée par le texte sacré, Dieu ne les aurait-il pas disséminés sur chacun des globes de l'univers ?

Dans cette supposition l'obscurité disparaît, tout s'explique, l'erreur cède sa place à la vérité, et il n'existe plus de prodiges, ou, pour mieux dire, tous ces prodiges sont avérés, puisqu'il est dans la nature des êtres spirituels de les produire. En effet, l'ange rebelle n'avait perdu que sa dignité, mais il n'avait pas perdu son essence. Lancé sur un des globes de l'univers, il a conservé partout la puissance de son origine ; eh ! qui empêche de croire que cette partie de la terre n'ait été le lieu confiné pour leur exil ?

Cunctosque dedisse
Terga fugæ, donec fessos Ægyptia tellus
Ceperit, et septem discretus in ostia Nilus.
Húc quoque terrigenam venisse Typhoëa narrat,
Et se mentitis superos celasse figuris.

Ovid., L. 5, Mét.

Les Dieux chassés du Ciel, forcés dans leur défaite
De chercher dans l'Egypte une indigne retraite, *etc.*

Traduct. de Saint-Ange.

Aurait-elle eu le privilége d'enfanter et de conserver des prodiges si variés et en si grand nombre, s'ils n'avaient pas été produits par une puissance inconnue ?

Arrêtons-nous à cette idée, et cherchons à démontrer que c'est à l'existence de ces êtres surnaturels qu'est due la cause de toutes ces merveilles que personne n'a pu expliquer jusqu'à présent.

Pour savoir si l'existence des êtres surnaturels est vraie, écoutons les livres saints.

L'apôtre saint Pierre dit, en sa seconde épître, chap. 2, que Dieu ne pardonna pas aux anges pécheurs, et qu'en les repoussant il les retint dans le *Tartare* sous les chaînes des ténèbres, pour qu'ils y restassent en attendant leur jugement.

On voit déjà que des anges, des esprits célestes, ont péché et qu'ils sont en punition.

Angelis peccantibus non pepercit sed catenis caliginis detrudens in Tartarum tradidit in judicium servatos (texte grec des Septante).

On connaît ce jugement par les livres de Moïse, qui nous apprend qu'aussitôt que l'homme fut créé, ces mauvais anges, ces êtres déchus de leur dignité, mais qui avaient conservé leur essence inaltérable à jamais, jaloux de voir une créature créée à l'image de Dieu, sortirent du *Tartare*, et se trouvèrent sur la terre avec ce nouvel être moral, pour pouvoir, d'après les lois de permission, le tenter lui et ses descendans, *car il n'est pas de gouffre capable de retenir d'immortels esprits.*

For since no deep within her gulf can hold
Immortal vigour.

MILTON, chap. II.

Ainsi il est d'abord évident, par ce passage, que la chute et la punition des anges rebelles et pécheurs avaient déjà eu lieu dans les temps antérieurs à la rénovation de notre globe : *Tempus præceptum* Prolapticon (grec), et qu'elle a précédé la création d'Adam.

Je demande que l'on suive les époques que

constatent les livres saints et les événemens qui
en dérivent.

Il y avait donc eu déjà des êtres sur la terre
que nous habitons, avant la création de l'homme
fait à l'image et à la représentation de son créateur ; et certes, c'était sur la même terre que
nous habitons qu'avaient vécu ces êtres moraux,
surnaturels à notre espèce humaine, ces esprits,
puisque le chef des apôtres dit que ceux de ces
êtres qui furent pécheurs et punis, furent renfermés dans le *Tartare*.

Or Saint Pierre appelle du mot esprit l'ame
de l'homme après sa mort, *Mortuus quidem
carne*, *vivens vero spiritu ;* et l'on sait,
d'après les opinions religieuses des Grecs et
des Latins, que c'était dans le vide du globe
que résidait le *Tartare*.

Virgile le dépeint de cette manière.

*Bis patet in præceps tantum tenditque sub umbras
Quantus ad ætherium cœli suspectus Olympum.*

« Cette profondeur était à nos yeux deux
» fois plus grande que n'est la hauteur du
» ciel. »

Saint Paul, aux Ephésiens, et l'apôtre Saint
Jude, disent aussi que Dieu retint sous les té-

nèbres, par des chaînes éternelles, les anges qui avaient quitté leur domicile : *Relinquentes suum domicilium* (texte des Septante).

C'est ainsi qu'Horace peint l'homme quand il quitte la vie mortelle : *Linquenda tellus et domus, et placens uxor.*

Il est donc prouvé, d'après l'autorité de l'Ecriture-Sainte,

1°. Que la terre avait été habitée avant sa rénovation et la création d'Adam ;

2°. Que les ames ou esprits de ces mauvais hommes, devenus *êtres spirituels* après leur mort, ont été retenus dans le *Tartare*, qui est le vide de notre globe ;

3°. Que ces êtres spirituels n'ont rien perdu de leur essence, et qu'au contraire ils ont eu la permission de tenter l'homme et sa postérité jusqu'au temps de la rédemption ;

4°. Qu'enfin ils ont été puissans sur notre globe, et qu'ils ont pu manifester et produire toutes sortes de prodiges, que les esprits purs ont dû combattre depuis la création d'Adam jusqu'au déluge, et depuis cette punition temporaire jusqu'à l'avènement de Jésus-Christ.

D'après des autorités aussi respectables, n'est-il pas permis de penser qu'il y a eu, et qu'il y a sûrement encore des êtres moraux, spirituels, surnaturels, enfin des esprits dégradés invisibles aux yeux des mortels, qui ont été relégués sur notre globe, mais en conservant une puissance relative à leur essence, et assez formidable puisqu'ils ont eu la permission de tenter l'homme et sa postérité.

Que ces êtres ont joui pendant près de 2000 ans de toute l'étendue de ce pouvoir, et qu'ils ont employé toutes les astuces, tous les artifices, les moyens de suggestion, pour perdre une créature que Dieu avait formée à son image, et détruire dans sa racine la race entière du genre humain; et qu'enfin les vices ont été poussés à tel point, que Dieu a été obligé d'exterminer cette première génération d'hommes par les eaux du déluge.

Qu'après cette épouvantable catastrophe, ces esprits ont encore cherché à abuser l'homme, en produisant à ses yeux des prodiges de toute espèce pour rivaliser avec ceux de l'éternel, et par ce moyen détourner l'homme de l'adoration et du culte du vrai Dieu; que de là l'idolâtrie s'est propagée sur toute la terre; que les esprits impurs, les démons, ont été adorés comme des divinités, et même jusque chez le peuple que Dieu avait choisi pour manifester sa puissance; que cette vérité est démontrée dans toute l'Ecriture, et particulièrement par la mission de Moïse, et la punition du dernier des Pharaons, époque à laquelle ont cessé les prodiges apparens produits par les esprits malfaisans et leurs adhérens.

Mais comme ces mêmes esprits avaient conservé une certaine puissance sur les ames, ils les ont perverties par des insinuations internes, et la profanation a été à son comble pendant 2000 ans, jusqu'à l'époque du sacrifice de la croix.

Pendant ces deux grandes périodes de siècles, dont la fin a été caractérisée par des événemens si remarquables, ces esprits ont voulu laisser sur la terre des marques indestructibles de leur existence pour frapper l'imagination des hommes, et les mettre dans le cas de méditer sur les causes qui ont occasionné et la punition du déluge, et la rédemption par la mort de Jésus-Christ : et certes on peut croire que ces Pyramides, ces monumens de l'Egypte, sont aussi anciens que le monde, et que par conséquent elles ont existé long-temps avant le déluge.

Berose, Abydène et Apollodore soutiennent que les Égyptiens ont eu par Cham des traditions des siècles avant le déluge, qui les tenait de Noé, son père, qui comme on sait était déjà

âgé de six cents ans à l'époque de cette catastrophe.

Et Manéthon, prêtre d'Héliopolis, qui vivait
trente-deux ans avant Jésus-Christ, et qu'on
peut regarder comme l'historien le plus véri-
dique de l'Égypte, affirme que les Arabes ont
écrit plusieurs ouvrages sur les hommes d'a-
vant le déluge, mais malheureusement ces ouvrages ne nous sont pas connus.

Enfin, les histoires chinoises remontent au-
delà des déluges de Xisuthrus et d'Yao, qui est
le même que celui de Noé, et ces histoires ne
sont pas fabuleuses. Tel est le sentiment des
plus savans critiques anglais, Betford, Shuk-
ford, Whiston, et de plusieurs de nos plus célèbres missionnaires, tels que Bouvet, Fouquet,
Amyot et autres.

Ces Pyramides sont donc des témoins irrécu-
sables d'une puissance inconnue, et je ferai voir
par la suite quel a été le but et l'emploi de ces
monumens.

Aujourd'hui, c'est-à-dire pendant les deux
mille ans qui doivent s'écouler depuis l'avénement du Sauveur, et qui formeront la dernière
période de notre globe jusqu'à la prochaine conflagration, le pouvoir de ces malins esprits a été
comprimé, puisque Jésus-Christ a dit lui-même

que le temps des miracles est passé; mais ce
pouvoir n'est pas tout-à-fait éteint, et ils tra-
vaillent sans relâche à susciter les haînes parmi
les peuples, à bouleverser les empires, et à
détruire par la guerre, et par les fléaux de toute
espèce, des malheureux habitans de ce globe : et
c'est à eux que nous devons la subversion, tant
morale que physique, dont nous sommes les
victimes. Les démonolâtres leurs émissaires
sont répandus sur toute la terre. (*Voyez* l'ouvrage de l'abbé Siard.)

Pour concevoir comment il est possible que
des êtres moraux, incorporels, invisibles aux
yeux des humains, aient pu produire des merveilles aussi étonnantes que les Pyramides, le
labyrinthe, le lac Mœris, le temple de Diospolis et autres, répandues dans cette contrée des
miracles, je vais donner une idée succinte de
la nature de ces êtres, de leur essence, de leur
substance et de leur pouvoir. Mais pour bien
entendre ce que je vais établir, il faut faire abs-
traction des idées dont on a été nourri dès sa
jeunesse.

L'espèce humaine, répandue sur tous les
globes de l'univers, a été composée dès le principe de deux substances bien différentes entre
elles; l'une matérielle et l'autre spirituelle. La

première est le vase qui renferme pour un temps la seconde, c'est *le corps ;* mais cette enveloppe est *mortelle*, périssable, et retourne par la putréfaction à la masse générale dont elle a été tirée. La seconde est l'esprit, *mens, anima,* c'est l'homme proprement dit qui est *immortel.*

Au moment de la conception, ces deux substances sont réunies pour exister ensemble pendant un certain temps, mais à la mort elles se séparent pour ne jamais se retrouver. L'esprit quitte son domicile, et le corps tombe en poussière, *quia pulvis est ;* alors l'esprit prend la forme qui lui est propre et personnelle.

Pendant la vie, ces deux substances vivent et croissent ensemble, comme si réellement elles ne faisaient qu'un être; le corps se développe matériellement, et l'esprit acquiert la perfection spirituelle à laquelle il est destiné. Voilà l'usage de la vie.

Ces deux substances matérielle et spirituelle, quoiqu'elles paraissent réunies, sont absolument distinctes et séparées, elles ont une existence toute particulière, puisque l'une *meurt* et disparaît, et que l'autre ne meurt pas et *vit* dans l'éternité.

Elles ont toutes deux un corps, des sens, des organes, et tout ce qui constitue une créature

humaine ; car l'homme esprit est l'homme immortel, et l'homme corporel n'est que son enveloppe, que l'homme interne fait agir à sa
volonté pour manifester son existence aux yeux
des hommes terrestres ses semblables. Ainsi
l'homme *esprit* inspire ses affections à l'homme
corporel, et celui-ci n'agit que par l'impulsion
de l'autre : si elles sont bonnes l'homme est
vertueux, si elles sont mauvaises l'homme est
coupable.

Ces deux êtres, quoique confondus ensemble
pendant la vie, ne se connaissent que par un
sentiment inné, et que par un appel de la conscience.

Au moment de la mort corporelle, l'esprit
renaît aussitôt, prend sa forme, et entre, pour
n'en plus sortir, dans le rang des êtres spirituels : il est alors l'homme complet, tel qu'on
voit le papillon sortir de sa chrysalide pour bril-
ler dans les airs ; mais l'esprit, en se ressusci-
tant, emporte et conserve avec lui les affections
dont il était dominé pendant son existence sur
terre, et alors il choisit, parmi les sociétés d'ê-
tres spirituels, celles avec qui il a le plus de
rapport et d'analogie, parce que la ressemblance
réunit, et la dissemblance rompt l'union. Et

tel est l'effet de l'attraction et de la répulsion morale.

Or, le monde spirituel est donc peuplé de bons et de mauvais esprits, et généralement tous les esprits circulent autour des globes qu'ils ont habité : et comme la substance spirituelle est une et indivisible, qu'elle est toujours et partout la même, et que par son essence elle peut et doit même influer sur la partie spirituelle similaire qui est dans l'homme ; c'est pourquoi les livres saints, et les plus sages philosophes de l'antiquité, ont dit que l'homme sur terre était toujours accompagné d'un bon et d'un mauvais esprit. Saint Paul, Socrate, Cicéron, etc., ont reconnu cette vérité.

Mais la puissance spirituelle ne se borne pas à influer sur l'homme, elle jouit d'un pouvoir bien plus étendu, puisque les esprits peuvent créer spontanément, et par leur seule pensée, tous les objets qui font la correspondance de l'affection où ils se trouvent.

The mind is its own place, and in itself
Can make aheav'n of hell, a hell of an heav'n.

MILTON, ch. I.

Et voilà pourquoi il est dit qu'il y a plusieurs demeures dans le royaume des cieux : voilà pourquoi S. Paul et S. Jean disent qu'ils ont vu, dans leur ravissement au ciel, des choses ineffables que l'homme ne peut pas concevoir, et ils étaient alors, par une grace spéciale, dans un état relatif à celui des êtres spirituels ; car l'homme ne peut jamais voir avec ses yeux matériels ce qui ne peut être aperçu que par des yeux spirituels.

Et à cet égard on peut dire que les merveilles spirituelles sont aux choses matérielles et aux ouvrages des hommes, même ceux que nous considérons comme les plus superbes, ce que l'esprit, dans le globe que nous habitons, est à la stupidité la plus complète.

Il suit donc de cette définition, que si la substance spirituelle peut faire ce qui est incompréhensible pour l'homme, et que cette puissance, à cause de la dignité de son origine, ne puisse jamais se perdre, puisque selon l'ordre de l'éternel cette substance spirituelle, cette vigueur divine, qui fait partie de leur essence, est indestructible,

Since by fate the strength of gods
And this empyreal substance cannot fail.

MILTON, ch. I.

et qu'au contraire elle se conserve *ad aeternum*

pour en user à sa volonté, de telle manière que ce soit :

In what shape they chuse
Can execute the airy purposes
And Works or Love or enmity fusil.

Les esprits rebelles, qui ont été précipités dans le Tartare, ont dû avoir dans chacun des globes où ils ont été disséminés la faculté d'y produire des prodiges et des choses également incompréhensibles à l'homme ; car à quoi tendent les opérations magiques (et on ne peut douter qu'il a existé et existe encore des magiciens et des démonolâtres), si ce n'est à fasciner les yeux, pervertir l'esprit, et attirer à soi des partisans ; puisque les mauvais esprits ne peuvent avoir d'autre but, dans leur état de punition, que de faire succomber un être dont ils doivent être jaloux par la possibilité où il est pendant sa vie de perfectionner son esprit, et de pouvoir s'élever jusqu'à son créateur.

Un homme, le plus extraordinaire qui ait vécu au 18e siècle, et sans contredit plus grand magicien que tous les magiciens de Pharaon, Cagliostro enfin, m'a dit, en 1785, en me parlant des Pyramides d'Egypte où il avait été :

« Là, en effet, règne le moral, là se fait au

moral tout ce que vous faites au physique : de là des êtres inconnus au reste des humains peuvent, suivant leur volonté ou selon les décrets de l'éternel, agiter telle partie du globe qu'il s'agit de bouleverser, et susciter le héros ou le scélérat qui doit être l'instrument visible de la révolution, sans qu'il puisse jamais se douter de la puissance qui le fait agir. »

Cagliostro m'a tenu ce discours en juillet 1785, quatre ans avant la révolution.

Je ne pousserai pas plus loin ce raisonnement, quiconque voudra y réfléchir pourra se convaincre de la vérité de la doctrine que je viens d'établir.

Reprenons notre sujet, et voyons à présent si d'après les limites des forces humaines il est possible que les hommes aient élevé et construit les monumens qui existent en Egypte, et quel aurait été pour eux le but d'un travail aussi pénible et aussi inutile à leur usage, puisqu'il est reconnu que si l'on voulait seulement tirer parti des matériaux, il faudrait autant de temps pour les démolir qu'on suppose en avoir mis pour les construire, et que leur démolition couvrirait mille fois plus de terrain que ces bâtimens n'en occupent.

Mais avant que d'en faire la description, je-

tons un coup-d'œil sur cette partie si intéres-
sante du globe que nous habitons, sur cette
terre consacrée de tout temps aux merveilles,
et dont les ruines sont encore pour nous des
témoins incontestables.

L'Egypte n'est autre chose qu'une plaine ou
plutôt une large vallée qui s'étend en longueur
du midi au septentrion, depuis le tropique du
Cancer, ou un peu au-delà, jusqu'à la mer Mé-
diterranée, pendant l'espace d'environ deux
cent cinquante lieues, et en largeur de l'orient
à l'occident entre deux chaînes de montagnes
qui la bornent, l'une du côté de l'Arabie et
l'autre du côté de la Lybie en Afrique, mais
non pas dans une distance toujours égale; car
cette vallée s'ouvre si considérablement à l'extrémité septentrionale, que la distance est d'environ cent vingt lieues, tandis qu'à l'endroit où
est bâti le Caire, qui était autrefois Héliopolis,
et qui est déjà distant de cinquante lieues du
rivage de la mer, cette distance se rétrécit à
tel point, pendant la longueur de soixante-
dix lieues, que les deux côtes se rapprochent
assez pour ne plus laisser entre les deux chaînes
de montagnes qu'un espace de six à sept lieues;
mais le pays s'élargit ensuite jusqu'à son extrémité méridionale, ce qui fait la Haute-Egypte,

autrement appelé la Thébaïde. Ainsi, on peut dire que l'Egypte se trouve divisée naturellement en trois parties ; la haute, la moyenne et la basse.

Dans la haute était autrefois cette célèbre ville de Thèbes, qui avait cent portes et qui s'appelle Diospolis ; au-dessus et directement sous le tropique du Cancer était Syène, aujourd'hui Assouan, et qui était située de manière que le jour du solstice d'été, pour cette partie de l'Afrique, le soleil éclairait jusqu'au fond des puits, et les gnomons ou colonnes perpendiculaires n'y faisaient aucune ombre ; enfin on trouvait au-dessus de Syène, Eléphantine, ville frontière de l'Ethiopie et la grande cataracte du Nil.

C'était dans cette même partie de la Haute-Egypte que se trouvait Coptos, aujourd'hui *Chiena*, tout vis-à-vis de l'ancienne *Tentyra*, et d'où partait le chemin le plus court et le plus facile pour aller à la mer Rouge, où l'on arrivait vis-à-vis Médine en Arabie.

Enfin on y trouvait le lac Mœris, au milieu duquel il y avait deux Pyramides chacune de six cents pieds de haut, dont trois cents dans l'eau et trois cents au-dessus, toutes deux surmontées d'une statue de pierre assise, et aussi le fameux labyrinthe le plus merveilleux de tous les monumens de l'Egypte : ces deux merveilles étaient près de la ville de Crocodilopolis, aujourd'hui *Démegra*, et toujours le long de la côte occidentale qui séparait l'Egypte des déserts de la Lybie.

La partie moyenne qui était la plus étroite s'appelait *Ghizé*, comme qui dirait le *passage*; Ptolémaïs était la ville qui confinait la Haute-Egypte, comme Memphis, aujourd'hui Ghizé, touchait à la Basse-Egypte.

Tout le monde sait que la distance qui existe entre les deux principales embouchures du Nil forme, avec la sommité où se trouve le Caire, un triangle qu'on appelle le *Delta*, et dont la base est terminée du côté occidental par *Alexandrie*, et du côté oriental par l'ancienne *Pelusium*.

Telle est en abrégé la division du pays le plus renommé de la terre, et dans lequel on trouve partout, et tout le long des montagnes de la Lybie, depuis Eléphantine jusqu'à Memphis, une quantité prodigieuse de Pyramides.

Mais ce qu'il y a de remarquable, c'est que quoiqu'il paraisse que cette quantité de Pyramides n'ont jamais pu être élevées en même temps, et qu'au contraire leur construction a dû exiger une succession de plusieurs siècles, cependant aucuns auteurs, même les plus anciens, tels qu'Hérodote, Pline, Strabon, Pythagore et autres, ne peuvent nous donner, d'une manière certaine, le nom de ceux qui les ont fait élever, et que bien mieux, ils ne sont pas d'accord entre eux ni sur les noms, ni sur le temps où elles ont été construites. Ainsi on peut avancer, d'une manière positive, que leur fabrique est de l'antiquité la plus reculée, et qu'elle remonte au-delà du temps où les premiers philosophes Grecs voyagèrent en Egypte.

Que peut-on penser d'un abus de construction aussi multipliée, et qui est disposée de manière que les canaux qui conduisent dans l'intérieur même de la plus grande Pyramide sont si étroits, qu'à peine un homme de la taille ordinaire peut s'y traîner couché sur le ventre. Cependant on compte depuis le Caire seulement jusqu'à Médouanqui, qui n'est éloignée qu'à trente ou quarante lieues, trente-six Pyramides grandes ou petites, sans parler de toutes celles qui subsistent encore aux environs d'Eléphantine, de Syène, etc.

Je ne chercherai pas à suivre les historiens et les voyageurs dans les descriptions qu'ils

font des Pyramides, quoiqu'elles soient inconcevables pour la grosseur des pierres qui ont
été employées à les bâtir. Observation qui servirait à prouver qu'aucune force humaine n'a
pu parvenir à les élever à une hauteur aussi
prodigieuse, d'autant que Diodore dit : « Que
» tout à l'entour des plus grandes, et bien
» loin aux environs, on n'apercevait pas un
» seul débri, une seule petite pierre ni signe
» d'aucune fondation ; qu'au contraire tout le
» terrain qui l'environne est un sable extrême-
» ment uni et fin comme du sel, tellement qu'il
» semblait que cette Pyramide eût été mise là
» par la main de Dieu, ou qu'elle y fût natu-
» rellement crue, et poussée comme une plante
» qui sort de terre. »

Je me bornerai à rappeler la description que
fait Hérodote du labyrinthe et du lac Mœris,
parce que plus cette relation paraîtra incon-
cevable à l'esprit humain, plus elle servira à
confirmer l'opinion que j'ai annoncée, que les
mains des hommes ne sont pour rien dans ces
merveilles, et qu'il faut en attribuer et l'effet
et la cause à une puissance inconnue.

Écoutons Hérodote. Après la mort de Séthon,
prêtre de Vulcain, et le dernier prêtre qui a
régné seul sur toute l'Egypte ; ce pays fut divisé

en douze parties pour être gouvernées par autant de rois. Ces princes, qui vivaient entr'eux dans la plus parfaite harmonie, résolurent de laisser en commun à la postérité quelque monument de leur règne, et en conséquence ils firent faire un labyrinthe un peu au-dessus du lac Mœris, et assez près d'une ville appelée la ville des Crocodiles.

« Je l'ai vu, dit Hérodote, et je confesse qu'il
» est plus grand que sa renommée; en effet on
» ne concevra jamais rien qui réponde au tra-
» vail et à la dépense de ce labyrinthe, quand
» bien même on voudrait mettre ensemble tous
» les édifices de la Grèce, tels que le tombeau
» de Mausole, les temples d'Ephèse et de Sa-
» mos, et autres ouvrages dignes de mémoire;
» et quoique les Pyramides soient bien au-
» dessus de tous les grands ouvrages de la
» Grèce, toutefois ce labyrinthe l'emporte
» encore par-dessus les Pyramides.

» Il y a douze salles voutées qui ont leurs
» portes à l'opposite les unes des autres; six
» regardent le septentrion et six le midi,
» toutes sont contiguës et enfermées par le
» dehors d'un seul mur.

» Il y a dans ce labyrinthe double logement,
» l'un sous terre et l'autre dessus, et tous les

» deux contiennent ensemble trois mille six
» cents chambres.

» J'ai ouï seulement parler de celui qui est
» sous terre, les prêtres qui le gardent n'ont
» jamais voulu me le faire voir ; mais j'ai vu
» celui d'en haut, qui surpasse la croyance et
» tous les ouvrages des hommes, et je ne puis
» me représenter les tours et les retours, qui
» mènent et ramènent dans les salles, sans
» entrer dans une profonde admiration. D'une
» salle on passe dans des cabinets, des cabinets
» dans des chambres, des chambres dans d'au-
» tres salles, et encore des cabinets et d'autres
» chambres, et tout cela à l'infini.

» Le plancher est de pierre comme les mu-
» railles, mais il est enrichi de divers ouvrages
» de sculpture ; chaque salle est environnée
» de colonnes de pierre blanche et bien polie.

» Il y a au coin où finit le labyrinthe, une
» Pyramide de quarante toises de haut (240
» pieds), où l'on voit de grands animaux gra-
» vés, et *le chemin pour y entrer est dessous*
» *terre*.

» Mais bien que ce labyrinthe soit si merveil-
» leux, le lac Mœris, auprès duquel est ce la-
» byrinthe, donne encore un plus grand sujet
» d'admiration, car il a de tour 3600 stades,

3

» c'est-à-dire autant d'étendue que la côte ma-
» ritime d'Egypte, et 50 toises ou 300 pieds de
» profondeur, et on voit au milieu les deux
» Pyramides dont nous avons parlé plus haut. »

Telle est la description que fait Hérodote de
ces deux merveilles, pour les avoir vues et mesurées, et il ajoute que ce lac décharge les eaux
qu'il reçoit du Nil dans la mer d'Afrique, par
un canal souterrain qui passe du côté de l'occident, le long de la montagne qui est au-dessus
de Memphis.

Que l'on conçoive, si l'on peut, les travaux
qu'il a fallu faire pour creuser un lac aussi
étendu et aussi profond ; et quoiqu'Hérodote
prétende qu'on lui a rendu compte des moyens
qu'on avait employés pour déblayer la terre du
canal de décharge, et celle qui a dû être enle-
vée pour creuser le lac, on ne peut ajouter foi
à son récit ; car si l'on considère, d'après les
mesures qu'Hérodote établit, l'immensité de
terres qu'on a dû tirer de ces fouilles, cela fe-
rait, pour le déblaiement du lac seulement,
750 millions de pieds cubiques de terre, et
sûrement autant pour le déblaiement du canal
de décharge, attendu sa longueur.

Or, il n'est pas présumable qu'on ait porté
ces terres dans le Nil, car une quantité aussi

immense l'eût bientôt encombré, et de manière que ce fleuve, ne pouvant plus écouler
ses eaux vers la mer, aurait refoulé vers sa
source, et aurait occasionné un débordement qui
aurait inondé toute l'Egypte ; aussi Hérodote
n'assure-t-il pas ce fait, et il se contente de
dire, avec sa véracité ordinaire, « et après tout
» on m'a dit que c'était en cette manière qu'on
» avait creusé le lac Mœris. »

Ainsi tombent devant ces prodiges tout ce
que l'antiquité nous a transmis de plus étonnant, et il est à remarquer que, par une ex-
ception spéciale de la providence, la plupart
de ces monumens subsistent encore présente-
ment, tandis qu'il ne nous reste rien de tout
ce qui a excité, dans les autres parties de la
terre, l'admiration des anciens; tels que la tour
de Babel, le palais de Sémiramis, le colosse
de Rhodes, les temples de la Grèce, Ninive,
Tyr, Carthage, tout a disparu, tout s'est détruit, et l'Egypte seule conserve encore des
témoins qui remontent à des temps si reculés
dans l'antiquité, que la chronologie vulgaire
ne peut pas en assigner l'époque.

Mais ce qui doit fixer notre opinion sur le
temps de la fondation des Pyramides, et prouver à l'esprit de tout homme qui veut réfléchir,

3 *

que ce temps est infiniment plus reculé que celui qu'on leur fixe communément.

C'est 1°. que sur quelque Pyramide que ce soit on ne trouve ni en dedans ni en dehors, aucune figure hiéroglyphique, pas même sur les temples de la seconde et de la troisième, et cependant les Egyptiens ne les omettaient jamais; toutes les autres ruines en font foi et en sont couvertes. Ainsi il y a donc lieu de conjecturer que les Pyramides même les plus modernes ont été bâties avant que cette écriture ait été inventée; n'est-ce pas une preuve que l'origine des Pyramides précède de beaucoup celle des hiéroglyphes, et qu'elles ont été faites avant même que l'Egypte eût été repeuplée; car les Egyptiens les prodiguaient sur tous les édifices de quelque importance, et on sait que les hiéroglyphes ont été les premiers caractères dont on ait usé en Egypte avant qu'on y eût introduit ceux du premier alphabet.

2°. Et que si l'on considère encore que déjà, dès le temps où Cambyse fit la conquête de l'Egypte, l'an 525 avant Jésus-Christ, 1823 ans après le déluge, on avait totalement perdu l'intelligence et l'explication des hiéroglyphes : alors je laisse à penser à quelle époque ont pu être construites les Pyramides, puisqu'une langue qui était depuis long-temps oubliée en 1823, quoiqu'elle eût été si universellement répandue sur les monumens antérieurs à Cambyse, et dont l'Egypte était couverte, n'existait même pas encore dans le temps de la construction des Pyramides; or chacun peut supputer la suite des siècles qui doivent s'écouler pour établir une langue, et combien il en faut ensuite pour l'oublier tout-à-fait, et cependant il n'y avait que 1800 ans, depuis le déluge, pour la naissance, l'usage et l'oubli total d'une langue aussi sacrée parmi les premiers Egyptiens qui repeuplèrent cette partie de la terre après une catastrophe si épouvantable.

La construction des Pyramides ne peut donc pas appartenir à ces nouveaux Egyptiens créés depuis le déluge, et je crains d'autant moins d'avancer qu'elles existaient avant le déluge, et qu'elles ont résisté au bouleversement universel; que la ville de Memphis, qui commença à être fondée par Mesraïm, fils de Cham, ne fût-elle même bâtie qu'aux dépens de la ville de Thèbes, dont les ruines, à cause des hiéroglyphes qui en ornaient les édifices, étaient nécessairement bien postérieures aux Pyramides qui en étaient absolument dépourvues.

Ce sentiment est d'ailleurs confirmé par un

très-ancien auteur arabe, appelé Murtady, qui n'hésite pas de dire que l'eau du déluge couvrit les Pyramides jusqu'à la fin de la quadrature, et que les marques y étaient encore manifestes jusqu'à son temps, en l'an 20 de Jésus-Christ; d'ailleurs je ne vois pas ce qu'il y aurait de répugnant à croire que ces Pyramides aient subsisté avant le déluge, puisqu'enfin la terre était habitée, et que les hommes, par leur méchanceté, avaient mérité une si terrible punition. Au surplus je crois que, de tous les peuples de la terre, les Arabes sont ceux qui nous ont conservé les traditions les plus anciennes, car les hiéroglyphes ne nous apprennent rien, et la langue cophte, qui leur a succédé en Egypte, n'est qu'une altération de la langue arabe.

Manéthon assure que les hiéroglyphes étaient originaires de l'Ethiopie, et que c'est Abraham qui a porté chez les Egyptiens les lettres de la Chaldée.

Il paraît certain que la langue cophte a encore conservé ces mêmes caractères pour les livres sacrés.

Hérodote et Plutarque disent que l'alphabet cophte était de vingt-cinq lettres, et qu'on les lisait de droite à gauche; mais la langue vulgaire a changé depuis la conquête de l'Egypte

par Alexandre, et toutes les lettres sont aujour-
d'hui grecques.

Les Pyramides ne peuvent donc pas être
l'ouvrage des hommes sortis de Noé : leur force
physique, ainsi que la durée de leur vie, ont
été réduites à un terme si faible, qu'il serait
ridicule de penser que des hommes, qui ve-
naient d'être condamnés à toute sorte d'infir-
mités, et dont la vie avait été abrégée de neuf
dixièmes, eussent entrepris des travaux dont
l'achèvement aurait exigé la longueur de la vie
de nos premiers patriarches, qui était de sept,
huit et neuf cents ans.

Je ne m'arrêterai pas à décrire aucune des
autres merveilles dont l'Egypte abonde ; je ne
parlerai pas même de ces obélisques qu'on ne
trouve nulle autre part qu'en Egypte, et qui y
ont été prodigués avec tant de profusion, qu'on
en rencontre d'un bout à l'autre du royaume,
depuis Alexandrie jusqu'à l'île qui est auprès
de la cataracte, et qui semble être la *Philé*
dont les anciens ont si souvent fait mention.

Je ne chercherai pas non plus à accorder les
sentimens de tant d'auteurs, tant anciens que
modernes, sur les dimensions et l'usage de tous
ces monumens ; car malgré toute l'admiration
qu'ils méritent, il suffit qu'ils soient faits de la

main des hommes, puisqu'ils sont chargés d'hiéroglyphes, pour que je ne mette aucun intérêt à m'en occuper dans cette dissertation; ils en sont exclus par le fait.

Je n'ajouterai qu'un mot à l'égard du sphinx qui est devant la deuxième Pyramide, et dont la bizarrerie de la composition mérite une attention particulière. Ce monstre avait la figure et le sein d'une fille, des rayons sur la tête, et tout le reste du corps fait comme celui d'un Lion. Sa stature était prodigieuse, puisque Pline dit que la tête était de 102 pieds de tour prise par le front, sa longueur de 143, sa hauteur, depuis le ventre jusqu'au sommet, de 70, etc.

Ce sphinx avait par derrière une grotte qui allait sous terre, et qui est aujourd'hui remplie de sable; et si l'on veut savoir quel était le motif d'un pareil monument, on répond que le sphinx était, chez les Egyptiens, l'emblême du mystère et du secret. Cette monstruosité n'a d'ailleurs à sa base aucune espèce d'hiéroglyphes; ainsi on peut le regarder comme un monument fait long-temps avant le déluge.

Il est donc prouvé, d'après la distinction qui vient d'être établie entre les monumens chargés d'hiéroglyphes et ceux qui n'en ont pas, que ceux-ci n'ont pu être faits par les hommes nés depuis le déluge.

Mais l'ont-ils été par les hommes qui ont habité la terre pendant la période de temps qui a précédé cette époque ?

Moïse, dont les récits sont si exacts, ne nous dit pas quels étaient les peuples qui ont habité l'Egypte avant le déluge, et ce n'est qu'au chap. 12, v. 10 de la *Genèse*, qu'il en parle pour la première fois, en y faisant aller Abraham, qui est né l'an du monde 2083, et 427 ans après le déluge ; ce patriarche avait alors soixante-quinze ans : et nous apprenons même que le Pharaon, sous lequel il opéra tant de miracles, et que la puissance de Dieu fit périr dans la mer Rouge l'an 2522, ou 872 ans après le déluge, s'appelait Achtoës, et était fils d'E-gypte ou Sethosis, et que ce fut lui qui donna son nom à l'Egypte, ce roi étant le dix-neuvième des Pharaons depuis Amasis, dont le règne a commencé l'an du monde 2180, c'est-à-dire 530 ans après le déluge.

Il est à remarquer que Moïse, poussé par la prédilection naturelle qu'il devait avoir pour son pays natal, affecte une réserve particulière pour ne rien préciser de tout ce qui pouvait déshonorer sa patrie ; c'est pourquoi il ne nous rend aucun compte des abominations qui se commettaient en Egypte, dont il a dû avoir connaissance, et par les traditions et par lui-même. Moïse s'est contenté de remplir sa mission d'opérer des miracles et de combattre les crimes, mais sans les dénoncer à la postérité, et n'a pas voulu salir son récit de crimes dont la nature avait horreur, et transmettre à la mémoire des hommes des choses qu'ils devaient ignorer.

Au surplus, Moïse naquit à Syène. Son père Amrun, et sa mère Jocabed de la tribu de Levi, descendaient des Hébreux qui passèrent en Egypte lors de la vocation d'Abraham. Il se maria avec Séphora, qui lui donna pour enfans Eliezer et Gerson.

A l'époque de la naissance de Moïse, l'Egypte était remplie de Chaldéens, de Phéniciens et d'Hébreux, descendans de Jacob ; mais tous ces peuples étaient déjà livrés à l'idolâtrie égyptienne.

Les chronologistes, et encore moins les rabbins, ne sont pas d'accord sur l'origine de Séphora : les uns veulent qu'elle soit fille de Jethro, prince de Madian, et les autres qu'elle était Egyptienne.

Cela pouvait être, puisque Joseph lui-même

avait épousé une Egyptienne qui s'appelait Aseneth, fille d'un prêtre d'Héliopolis, et c'est de cette union avec cette Egyptienne que ses descendans ont conservé un penchant pour l'idolâtrie qu'ils ont portée dans la Judée.

Répétons la question que nous nous sommes déjà faite : quelle espèce de créature a donc pu bâtir ces éternels monumens ?

La Genèse nous apprend (chap. 6, v. 4), qu'avant le déluge il y avait des êtres sur la terre. « Car depuis que les enfans de Dieu eurent » épousé les filles des hommes, il en sortit des » enfans qui furent des hommes puissans et fa- » meux dans les siècles, mais que Dieu voyant » que la malice des hommes qui vivaient sur la » terre était extrême, v. 5. il se repentit d'avoir » fait l'homme, v. 6. Et qu'il dit, v. 7 : j'exter- » minerai de dessus la terre l'homme que j'ai » créé; car la vie que tous les hommes y ont » menée a été corrompue, v. 12. Et il dit à » Noé, v. 17 : je m'en vais répandre les eaux » du déluge sur la terre, pour faire mourir » toute chair qui respire et *qui est vivante* » *sous le ciel*, parce que l'esprit de l'homme, et » toutes les pensées de son cœur, sont portées » au mal dès sa jeunesse, v. 21. »

Tel est le récit de Moïse, lorsque Dieu ordonna à Noé de construire l'arche, pour le sauver avec sa famille.

Mais par quelle abominable instigation l'homme s'est-il rendu assez coupable pour mériter une aussi terrible punition que l'extermination générale. Le texte sacré nous l'apprend en nous disant, chap. 3, v. 1 : « Que les esprits » impurs tentèrent Eve, et qu'ils soumirent à » leur domination toute sa postérité. » Il fallait donc qu'il y eût sur notre globe, dans le Tartare, des êtres spirituels assez puissans pour exécuter cette séduction, et ces êtres ne peuvent être que les anges rebelles déchus de leur dignité, précipités du ciel, et enchaînés dans les ténèbres des différens globes où ils ont été disséminés, pour y rester jusqu'au temps fixé par les décrets de l'éternel. Car il est à remarquer que dans la punition du déluge, Dieu ne veut exterminer que toute *chair vivante sous le soleil*, et qu'il ne parle pas des créatures enchaînées dans les ténèbres du Tartare.

Ainsi, ces créatures spirituelles existaient donc sur notre globe dès le temps que les ténèbres couvraient la face de l'abîme, et avant que l'homme fut créé; chap. 1, v. 2 et 27. Et ils y ont continuellement existé, et y existent encore, ainsi que nous l'avons déjà dit, mais avec une puissance bien différente, qui s'est trouvée comprimée et restreinte de plus en plus, et qui a été modifiée suivant la série successive des siècles qui composent les trois grandes périodes du monde, jusqu'à l'époque où ce globe sera de nouveau renouvelé.

Rien ne prouve mieux la présence, la communication, l'union des esprits avec l'espèce humaine que ce passage de l'Écriture, qui nous apprend *que les enfans de Dieu ont épousé les filles des hommes, et qu'il en est sorti des hommes puissans et fameux,* etc.

Or, qui peuvent être les *enfans de Dieu,* si ce ne sont des êtres spirituels, incorporels, et formés d'une substance spirituelle? Et si l'on me demande encore, avec un ton d'ironie : qu'est-ce qu'une substance spirituelle, incorporelle? Je répondrai qu'il n'est pas plus difficile de concevoir une *substance* spirituelle qui forme un être spirituel, qu'une substance *matérielle* qui forme un être *matériel,* par la raison que toute substance exige une existence, et que, *vice versa,* il ne peut y avoir d'*existence* sans *substance :* et j'ajouterai que, quant à l'épithète d'*incorporels,* les êtres spirituels ne paraissent incorporels que par rapport à nous, parce que nous ne pouvons les voir par la nature de nos yeux matériels; mais qu'ils ne le sont pas par rapport à eux, par la raison qu'il ne peut pas y avoir d'existence sans une forme quelconque, et que la forme de l'être, soit matériel, soit spirituel, est celle du *corps*. Ainsi, l'homme a un corps visible pour les habitans de ce monde, et les esprits ont un corps visible pour les habitans de l'autre.

Les fils des enfans de Dieu devaient donc participer par leur origine à la puissance de leurs pères, et Baruch parle des géans qui existaient avant le déluge; il nous dit qu'ils étaient nombreux, puissans, d'une grandeur extraordinaire. Plusieurs auteurs sacrés, et particulièrement Job, dit que les géans gémissent sous les eaux, en la compagnie de ceux qui sont dans l'enfer. Enfin, l'auteur du livre d'Enoch, dont le fragment nous a été conservé par Syncelle, nous dit que les géans étaient nés des filles des hommes, qui avaient eu un commerce charnel avec les anges rebelles : et voici comment il raconte la chose. « L'an du monde 1170, les *vail-*
» *lants* ou les anges épousèrent des femmes
» d'où sortirent :

. » 1°. Les géans, d'une taille extraordinaire;
. » 2°. les *Néphilim*, et 3°. les *Elindiens*. »
Enfin les auteurs profanes, qui ont établi leur

mythologie sur le texte sacré, sur les livres de Moïse dont ils avaient connaissance, nous décrivent les Titans au-dessous des fondemens de l'Océan, et au fond des abymes.

Sub gurgit e vasto
Infestum eluitur scelus, aut exuritur igni.

VIRG., AEneid. VI, v. 742.

Il est à remarquer que le nom de *Néphilim*, qui signifie à la lettre *ceux qui tombent, qui sont tombés*, ne se trouve plus dans l'Ecriture depuis Moïse; les autres auteurs sacrés se servent du mot de *rephaïm* pour marquer les géans; Og, roi de Basan, était de cette race *de stirpe rephaïm*, il était de la race des *rapha's*, donc cinq furent mis à mort par David, et entr'autres Goliath et son frère.

Quoiqu'il en soit, on ne peut pas douter qu'il y ait eu des géans sur la terre, leur existence est incontestable d'après l'autorité de tant d'auteurs sacrés et profanes, Origène et Eusèbe de Césarée soutiennent que les géans dont parle Moïse ont pour *pères les démons* et pour *mères les filles des hommes d'avant le déluge*, et que les ames de ces géans qui étaient d'ailleurs d'une difformité monstrueuse, étaient elles-mêmes autant de mauvais esprits.

L'existence des géans n'est donc pas une chimère , puisqu'elle se prouve par l'ancienne tradition de tous les peuples et par des *monumens authentiques , anciens , incontestables;* ce ne sont pas des poètes ; ni des auteurs nouveaux ou fabuleux , c'est Moïse , le plus ancien écrivain dont on ait des ouvrages certains ; ce sont les auteurs sacrés , tels qu'Enoch , Esdras , Ezéchiel et autres qui le racontent , et c'est dans ces ouvrages , ainsi que dans l'ancienne et constante tradition des plus anciens peuples , que les poètes ont puisé ce qu'ils ont pris plaisir d'exagérer et d'embellir pour décrire la guerre des Titans contre les dieux du paganisme. Mais écoutons encore une fois Moïse , parce que les récits de cet auteur sacré sont le plus ferme appui sur lequel je puisse fonder mon opinion.

Moïse dit qu'après que les enfans de Dieu eurent épousé les filles des hommes , le seigneur dit : *Mon esprit ne demeurera plus dans l'homme , parce qu'il n'est que chair , et ses jours ne seront plus que de cent vingt ans,* c'est-à-dire , dans cent vingt ans j'inonderai la terre par le déluge , et je les ferai tous périr.

Or les géans , ces *néphilim, ceux qui tombent , qui sont tombés* étaient déjà sur la terre avant ce temps là.

Hither of ill-joined sons and daugthers born
First from the ancient World those geants came.

« Les fruits de ces unions mal assorties, ces géans
» si renommés au premier âge du monde ; »
c'est le sentiment de Photius , qui dit *que les*
anges rebelles étant descendus sur la terre ,
épousèrent des femmes et engendrèrent les
géans ; c'est aussi celui de Sulpice Sévère ,
qui reconnaît les géans comme des productions
contraires à la nature humaine , *ex angelorum*
et mulierum coïtu gigantes editi esse dicuntur.

Or middle spirits , hold
Betwixt the angelical and human kind.
MILTON , ch. III.

« Ou ces esprits qui tiennent le milieu entre
» l'ange et l'homme. »

Il y avait donc des *néphilim* sur la terre ,
même avant que les enfans de Dieu , c'est-à-
dire ceux de la race de Seth s'alliassent avec
les filles des hommes , c'est-à-dire avec les filles
de la race de Caïn. C'est une très-ancienne tradition soutenue par les plus célèbres rabbins ,
et je ne finirais pas si je voulais citer tous les
auteurs qui confirment cette vérité.

Mais il est temps de résumer cette dissertation, et d'établir mon opinion par les passages

4

que je viens de citer, pour prouver que les Pyramides n'ont pas été construites par les hommes, et qu'elles ne peuvent être que l'ouvrage des êtres spirituels, anges rebelles, *néphilim*, démons, esprits malins, comme on voudra les appeler.

Je m'explique :

Il est dit au premier chapitre de la Genèse :

« 1°. Dans le principe — Dieu a créé le ciel et la terre; 2°. et la terre était néant et vide : les ténèbres couvraient la face de l'abyme. »

Or on ne peut pas entendre ce mot, dans le *principe*, autrement que Dieu a créé l'univers dans le principe *des temps ;* première époque qui se trouve reculée jusqu'à l'infini, sans autre limite que celle de l'éternité.

Mais le second verset indique une seconde époque, et la terre était *néant* et *vide ;* c'est l'époque où la terre qui avait été précédemment habitée ne l'était plus, puisque la nature vivante, animale ou végétale y avait été détruite par la conflagration. C'est l'époque où elle était dans l'état du chaos avant la rénovation, vingt-cinq siècles avant Moïse, situation que Jérémie dépeint si bien, chap. 4, v. 23, quand il dit : *Je regardai cette terre, et elle était néant et vide, les cieux n'existaient plus pour elle, et la lumière s'était éteinte;* description à laquelle Moïse avait ajouté que les ténèbres couvraient la face de cet abyme.

On voit donc par ce récit deux époques, la première était indéfiniment antérieure à la seconde, celle des ténèbres du Tartare que Saint-Pierre précise en disant que Dieu ne pardonna pas aux anges pécheurs, et qu'en les repoussant il les retint *dans le Tartare, sous la chaîne des ténèbres.*

Ces anges pécheurs existaient donc dans notre globe, *ante tempus præceptum,* avant qu'il fût renouvelé et rendu à la lumière, et on sait, par les livres saints, qu'aussitôt que le premier homme fut créé, ces mauvais anges sortirent du Tartare et se trouvèrent sur la terre avec ce nouvel être moral, mais invisibles à ses yeux; quoique témoins de ses actions, et ayant la faculté de le tenter lui et ses descendans.

La réalité et la présence de ces mauvais esprits est donc bien avérée par les autorités du texte sacré, et leur antiquité date long-temps avant la rénovation du globe et la création d'Adam.

C'était donc sur notre même globe qu'ont habité ces êtres moraux, mais comme leurs ames sont immortelles ainsi que celle de l'homme ; *et qu'ils ont été enchaînés dans le Tartare pour y rester jusqu'à la fin de notre monde et être jugés dans le grand jour*, nous devons croire que ces mauvais esprits y sont encore, et qu'ils agissent toujours contre l'homme, mais suivant la modification que Dieu a jugé à propos d'imposer à la puissance qu'il leur avait accordée.

Trois époques relatives à notre terre caractérisent l'état d'affaiblissement du pouvoir de ces mauvais esprits.

Première Période.

Au moment de la rénovation du globe, la puissance des mauvais esprits était dans toute sa plénitude. Aussi est-ce pendant cette période qui a précédé le déluge qu'ils en ont fait le plus pernicieux usage, en rivalisant la puissance de l'éternel par des prestiges et des profanations abominables, en prenant pour femmes les filles des hommes avec lesquelles ils se sont alliés jusqu'au déluge, et il paraît que d'après les fragmens du livre d'Enoch, qui nous ont été conservés par Syncelle, que cette alliance s'est soutenue pendant 1143 ans, depuis le jour où les *vaillans*, que Daniel nomme aussi du nom d'*anges*, ont commencé à s'unir aux filles des hommes jusqu'au déluge , c'est-à-dire 517 ans après la création du monde.

Mais si ces mauvais esprits ont fait tant de mal aux hommes, en leur suggérant les vices et les passions qui les ont dégradé de la pureté de leur origine, et les ont conduits à mériter leur extermination , il faut convenir, d'un autre côté, que comme il reste encore quelques idées du bon et du vrai parmi les mauvais esprits ;

For neither do the spirits damned
Lose all their virtue.

Ils leur ont rendu de grands services en leur donnant la connaissance de tous les arts dont ils se servent encore aujourd'hui. Enoch nous apprend que ce furent eux qui enseignèrent à leurs femmes les enchantemens et l'usage des poisons, et aux hommes la chimie , la manière de fondre et de préparer les métaux, de forger des armes et les instrumens de guerre , de polir et de mettre en œuvre les pierres précieuses, et que le chef de tous, Semexias, inspira aux hommes la haîne, la vengeance, la manière de faire périr les hommes par le suc venimeux des herbes ; que Phamarus découvrit les arts curieux de la magie et des sortiléges ; Baciel apprit aux hommes le cours des astres ; Cobabiel

l'astrologie ; Zaciel expliqua les signes de l'air ;
Araciel ceux de la terre ; Sampsich ceux du
soleil ; Sariel ceux de la lune, pour en tirer des
présages pour l'avenir ; et qu'enfin Uriel, le
prince des astres, fut envoyé à Enoch, âgé de
cent soixante-cinq ans, pour lui révéler ce que
c'est que le mois, l'année et le solstice.

C'est que l'essence spirituelle est toujours en
effort, *semper in conatu* ; qu'elle ne se repose
jamais, et qu'elle doit toujours agir, soit en
bien, soit en mal. *Works or Love or Enmity.*

Ce fut donc dans ces temps que les êtres spirituels firent sourdre de la terre, comme l'a
pensé Diodore, ces monumens indestructibles
qui renferment le dépôt des connaissances humaines, et je prouverai, par l'intérieur de la
seule Pyramide dans laquelle les hommes aient
pénétré, la justesse et la vérité de mon asser-
tion : je ne doute pas que les autres Pyramides
ne contiennent aussi la théorie, les élémens,
les formes, les étalons de tous les instrumens
relatifs à l'usage et à la pratique de chaque connaissance. Ainsi chaque Pyramide peut être
considérée comme un lycée isolé pour l'étude,
et la conservation d'une science particulière.

Ce fut encore vers ces temps que les enfans
qui étaient provenus du mariage des *vaillans*

avec les filles des hommes, et qui par cette raison participaient à la puissance de leurs pères, tels que Membrod, Og, les Goliath, Osymandué, et tous ceux enfin dont parlent les anciens historiens, tant sacrés que profanes, et dont Hérodote, Pausanias et Pline, disent qu'ils ont vu dans un lieu de l'Egypte, appelé *Litris*, un grand nombre de squelettes qu'on voyait à découvert, et dont les os qui étaient rangés sur la terre, chacun à sa place, tels qu'ils sont dans l'habitude du corps humain, étaient d'une grandeur démesurée.

Ce fut dans ces temps, dis-je, qu'on vit s'élever la tour de Babel, le colosse de Rhodes, cette foule d'obélisques qui couvraient l'Egypte et la Lybie, toutes ces villes et ces temples si magnifiques que le temps a détruits, parce qu'ils étaient l'ouvrage d'une puissance secondaire de géans, naturels, matériels, tandis que les Pyramides ont été l'ouvrage des *néphilim*, ou géans d'une substance spirituelle.

Cette première période, depuis la création jusqu'au déluge, a dû être et a été en effet la plus fatale au genre humain, parce que les esprits malins, jouissant de toute l'étendue de leur puissance, ont dû employer tous les moyens possibles pour tenter, séduire, et pervertir une créature que l'éternel s'était plû à former, et pour l'entraîner dans leur propre chûte. Aussi voyons-nous que jamais les hommes n'ont été plus rebelles aux lois du créateur : ingrats, impies, profanateurs, ils ont oublié le culte du vrai Dieu, ont adoré des idoles et se sont livrés à toutes sortes d'abominations, et à tel point que la colère de Dieu s'est allumée, qu'il s'est repenti d'avoir créé l'homme, et a juré d'exterminer cette première génération.

Combien n'avons-nous pas à regretter d'être privés des ouvrages qui auraient pu nous transmettre les détails de l'histoire de ces temps, tels que le livre de Jaschar, les guerres de Jéhova, le livre des Justes, et les Enoncés prophétiques qui sont tous cités par Moïse et Josué. Que d'événemens extraordinaires, que de choses nous paraîtraient aujourd'hui inconcevables, et qu'il serait intéressant pour nous de voir les efforts de l'enfer chercher à réagir contre la puissance de l'Etre suprême, de connaître les prodiges que ces fameux géans ont dû opérer pour fasciner l'intelligence humaine, et insulter de nouveau à la divinité ? Mais ces livres sont perdus pour nous, quelques fragmens épars dans les livres saints nous attestent seulement qu'ils ont existé, et nous devons croire qu'ils ont été conservés dans l'arche, puisque Moïse en a eu connaissance, et qu'un homme digne de la plus grande confiance, Swedenborg, assure qu'ils existent même encore aujourd'hui parmi les peuples de la Tartarie indépendante dans le Boutan, et que c'est l'ancienne parole qui a précédé celle que nous avons aujourd'hui.

Un Anglais cependant paraît avoir été inspiré pour décrire la guerre des enfers, c'est Milton.

Seconde Période.

La seconde période va s'ouvrir : déjà la terre était asséchée de l'inondation du déluge.

Dieu avait dit : Gen., chap. 9, v. 11, 15. « Il n'y aura plus à l'avenir de déluge qui fasse périr dans les eaux toute chair qui vive, » et l'arc-en-ciel, gage de sa promesse, avait rassuré les mortels, la puissance des esprits malins était comprimée ; mais hélas ils existaient toujours, et la magie allait commencer ses prestiges.

Quelle est donc cette essence spirituelle que Dieu ne veut pas anéantir, qu'il supporte et qu'il conserve même jusque dans l'éternité ? O grandeur ! ô majesté divine ! ce que vous avez fait une fois est une suite de l'ordre immuable de vos décrets, et cet ordre, ce grand ordre est permanent. Votre volonté subsistera dans l'éternité des temps, c'est que la substance spirituelle est incorruptible.

Nous ne verrons donc plus les *néphilim* se montrer à découvert, épouser les filles des hommes, soulever le sein de la terre pour en faire sortir des monumens indestructibles, bouleverser les élémens et abuser avec insolence de leur puissance.

Humiliés par la puissance divine qui a exterminé tout d'un coup la race humaine qu'ils avaient pervertie; obligés de rentrer dans les abîmes des ténèbres, sous le poids de l'eau qui couvrait la surface de la terre, nous allons les voir reparaître, mais dégradés de nouveau, enveloppés du manteau de la honte, forcés de convier l'homme à se rendre complice des nouveaux forfaits qu'ils méditent; des magiciens, des enchanteurs vont figurer à leur place, et la magie aura encore quelques siècles d'illusions. On va voir les oracles, les pithonisses siéger dans les temples des faux dieux, inventer les talismans, les augures; et tandis que ces émissaires sacriléges opèrent vénalement aux yeux de la multitude, les esprits malins s'insinuent en silence dans les corps des humains pour corrompre leurs ames, les obséder, les posséder, et les forcer à prendre confiance dans leurs pouvoirs.

La terre était inondée de ces fascinateurs, chaque pays avait ses augures, chaque roi ses enchanteurs, les Pharaons en avaient dans toutes les villes de l'Egypte, le sacerdoce n'était qu'une imposture, les prêtres de Thèbes et de Memphis, plus étroitement liés avec les mauvais esprits, initiaient dans les entrailles de la terre les prétendus philosophes à leurs infâmes mystères : possesseurs des connaissances occultes et surnaturelles, ils en avaient fait une application aux sciences exactes et abstraites, et s'étaient acquis par ce moyen une réputation que les sages de ce monde ont consacrée.

Mais avant les voyages d'Orphée, Moïse avait paru, il avait prouvé la puissance de sa mission, en frappant l'Egypte de plaies que tous les magiciens de Pharaon ne purent ni conjurer, ni détourner, et quoique ce prince rebelle eût été lui-même enseveli avec son armée dans les eaux de la mer rouge, quoi qu'un exemple aussi frappant eût dû dessiller les yeux de tous les incrédules, l'art de la magie sembla acquérir une nouvelle force, et les démons se personnifièrent tellement dans les hommes, que

Saül en fut lui-même possédé, et que leur nombre s'augmenta au point que, lors de l'avénement de Jésus-Christ, un démoniaque lui dit qu'il s'appelait *Légion*, parce qu'il était possédé d'un grand nombre.

Il n'est pas de chrétiens, d'hommes raisonnables qui ne soient instruits de la foule de miracles qui ont été opérés par les élus de Dieu pendant cette période de 2000 ans; mais l'homme a le cœur si pervers, ses inclinations le portent tellement au mal, que malgré l'évidence de la puissance de Dieu, malgré l'avantage qu'il pouvait trouver à vivre sous sa loi, il a préféré de se soumettre aux suggestions du démon pour se livrer à l'idolâtrie, rejeter le culte du vrai Dieu, et méconnaître son existence.

L'univers allait donc être encore bouleversé, lorsque la sagesse divine consentit à descendre elle-même dans les abîmes pour y combattre corps à corps la puissance des démons, expier par le plus grand sacrifice les péchés des mortels, et remettre par sa glorification tout en ordre, tant dans les cieux que dans les enfers.

Est-il un trait plus sublime de bonté et de miséricorde? il n'appartient qu'à la divinité suprême, et le salut du genre humain commence la troisième période.

Troisième Période.

Mais la miséricorde divine s'est montrée en vainqueur généreux. Dieu n'a pas voulu anéantir entièrement la puissance des mauvais esprits, et Jésus-Christ, pour prouver aux pécheurs jusqu'où peut aller sa bonté, a permis même au démon de le tenter sur la montagne : sa loi est venue à notre secours, elle nous préserve de toute atteinte lorsque nous suivons ses préceptes, et l'homme qui élève son esprit vers lui trouve dans son cœur la consolation des peines de ce monde, et l'assurance d'une vie plus heureuse dans l'autre.

Cependant l'esprit malin agit encore dans l'homme, mais c'est parce que celui-ci va au-devant de lui, sans cela il n'aurait plus d'empire. Sa puissance n'agit plus que par la force d'inertie, par des machinations infinies ; c'est dans l'intérieur de l'homme qu'il intrigue, dans des assemblées nocturnes, dans de misérables sabats, dans des clubs ; là les esprits méchans inventent des crimes nouveaux, des machines infernales, suscitent des guerres, des haînes ; tout se pratique dans l'ombre, mais il n'y a plus d'obsédés ni de possédés, et les esprits méchans n'existeraient pas si l'homme avait cessé d'être.

Il est donc prouvé partout, ce que nous venons de dire, que le mauvais esprit a toujours existé sur notre globe, d'abord avec une puissance immédiate et limitée, ensuite avec une puissance médiate, et, pour ainsi dire, déléguée à l'espèce humaine, et enfin avec une puissance si affaiblie qu'elle n'existe plus qu'autant qu'on s'applique à la chercher. L'avènement du Seigneur l'a réduite à cette inaction, et il est à remarquer qu'aussitôt que l'évangile a été publié, la face de l'Egypte a changé; le foyer de la rébellion, le siége principal des mauvais esprits, a été tout d'un coup envahi par les pères de l'Eglise; une foule de soldats de l'église militante se sont emparés de la Thébaïde, de la Lybie, de la Cirénaïque, et des deux rives du Nil; de pieux solitaires, de saints anachorètes, ont été postés sur les soupiraux de l'enfer, et la vertu a exorcisé le crime.

L'Egypte a donc été de tout temps la contrée la plus curieuse de notre globe, soit à cause des monumens gigantesques qui attestent encore aujourd'hui la présence des néphilim sur la terre, soit à cause de ces ruines si superbes, de ces villes aux cent portes, de ces temples de Vulcain et d'Isis, où la folie des hommes et leurs superstitions ont daté par des caractères symboliques le second âge de la puissance des démons, soit enfin par cette fécondité que le débordement du Nil procure régulièrement à ses habitans, phénomène qui paraît ne se renouveler que pour prouver que ce pays, si extraordinaire, est encore la terre des miracles.

A cet égard je vais me permettre une digression qui intéressera peut-être le lecteur, parce qu'elle établit, pour le débordement des rivières en général, une théorie dont aucun des historiens, tant anciens que modernes, n'ont eu l'idée.

D'abord il faut savoir que le Nil, dans son cours, a une étendue de plus de 1200 lieues, non seulement parce qu'il prend sa source par les dix degrés au-delà de la ligne équinoxiale dans le royaume d'Ethiopie et d'Abyssinie, mais encore par les détours immenses qu'il parcourt.

Ce fleuve sort de deux fontaines rondes et profondes qu'on trouve sur la cime de la montagne Dengla, une des plus élevées de la province Sakala dans le territoire de Gojam.

Ces deux fontaines ne forment d'abord qu'un ruisseau qui prend son cours vers l'orient, et après avoir ramassé plusieurs ruisseaux qui découlent de cette même montagne, il se détourne vers le midi, où il coule, pendant l'espace de 25 lieues, entre les royaumes de Begemder et celui de Gojam, qu'il a toujours à sa droite. Ensuite, pour tourner autour de Gojam, il s'avance vers l'occident environ 40 lieues.

Enfin après s'être enrichi de plusieurs grandes rivières, telles que le Tagazé, le Maleg et plusieurs autres, qui perdent leur nom dans le Nil, il commence à rouler avec plus de majesté, en laissant toute l'Abyssinie à sa droite. Il traverse ensuite le royaume de Senaar, et va donner au pied d'une montagne dans le pays de Dongola, où il se divise en deux bras.

Le bras gauche prend le nom de Niger, et après avoir un peu rebroussé chemin vers le midi, il s'en va vers l'occident arroser la Nigritie qu'il traverse et se jette proche Ellvah dans l'Océan.

Le bras droit, qui emporte la plus grande partie des eaux, continue sa route au septentrion; mais en parcourant des détours immenses à travers le royaume de Nubie, le pays de Manassé et autres vastes contrées, avant de se jeter dans la Haute-Egypte par la grande cataracte.

Ensuite il faut établir pour principe que les eaux qui occasionnent un débordement dans telle rivière que ce soit, ne font que quatre lieues par jour, à partir du lieu où la cause du débordement s'exécute, soit par la fonte des neiges, soit par des pluies excessives qui tombent dans la partie supérieure des fleuves, qui servent à les écouler.

Cela posé, on peut facilement calculer qu'une fonte de neige, qui aura eu lieu à 80 lieues au-dessus de Paris, mettra 20 jours avant de procurer une inondation dans cette ville; et comme il faut que toute la masse d'eau qui occasionne l'inondation arrive à Paris graduellement et successivement, à raison de 4 lieues par jour, on doit prévoir que l'inondation à Paris durera 20 jours, jusqu'à ce que la dernière masse d'eau y soit arrivée, et c'est ce que l'expérience peut prouver; car si un renflement de la rivière provient d'une pluie abondante qui sera tombée seulement à 12 lieues de Paris, ce renflement n'aura lieu que pendant 3 jours, parce qu'alors les eaux n'auront mis que 3 jours à s'y rendre à raison de 4 lieues par jour.

Ainsi, en supposant que le Nil commence à croître le 1er. août, et que la durée de ce débordement soit de 100 jours, on doit croire que les eaux qui l'occasionnent viennent de 800 lieues au-dessus de la cataracte, parce qu'il

faut aussi 100 jours pour que ce fleuve rentre
dans son lit naturel ; car comme cette cause
provient en partie du temps où les neiges fon-
dent, ou les pluies tombent, et en partie de la
distance où cette fonte a eu lieu, il arrive que
par rapport au trajet de 4 lieues par jour les
premières eaux partent long-temps avant les
dernières du lieu de leur rassemblement, et
par conséquent arrivent de même en Egypte.

Mais il est temps que cette dissertation finisse,
et je ne parlerai plus de l'Egypte que pour prouver que ses fameuses Pyramides avaient bien
un autre but que de servir de sépulture à des
rois, et que les êtres qui ont pu les construire
savaient trop bien que la nature humaine et
matérielle est trop méprisable pour mériter un
honneur aussi insigne.

L'auteur arabe que j'ai déjà cité, *Lemacine*,
et qui assure avoir eu dans sa possession un ma-
nuscrit de la plus haute antiquité, qu'il appelle
le *Murtady*, insinue qu'il connaissait très-bien
la destination de ces monumens ; « que plusieurs
» de ces Pyramides étaient entourées de corps
» de *substance spirituelle*; que dans quelques-
» unes étaient renfermées les lois philosophi-
» ques qui engendrent la sagesse, des tables d'ai-
» rain sur lesquelles diverses sciences occultes

» étaient écrites , comme aussi l'art de com-
» poser les poisons et les breuvages mortels;
» dans d'autres les idoles des astres et les ta-
» bernacles des corps célestes, ainsi que l'état
» des étoiles fixes et les événemens qui devaient
» arriver par leur rapport et par leurs mouve-
» mens; dans d'autres enfin des idoles parlantes »
(la femme invisible et la tête parlante, que tout
le monde a été voir à Paris, pourraient peut-
être bien faire croire à ce prodige) « qui te-
» naient en leurs mains tous les arts selon leur
» rang, leur mesure, la description de chaque
» art, la manière de l'exercer, et ce qui était
» nécessaire pour les mettre en usage; qu'en
» un mot ces monumens renfermaient au su-
» prême degré les figures des astres dans leurs
» signes, avec leurs effets et leurs significations;
» les secrets de la nature, les ouvrages des arts;
» les grandes lois, les drogues salutaires, les
» talismans, les règles et les principes de la
» médecine et de la géométrie, et toutes les
» autres choses qui pouvaient être utiles aux
» hommes, tant en public qu'en particulier,
» clairement et intelligiblement pour ceux qui
» avaient connaissance de leur langue et de leur
» écriture; et il ajoute que toutes ces Pyra-
» mides étaient si immenses et si solides, que

5 *

» personne ne pourrait en démolir une seule
» en 600 ans, quoiqu'il soit plus aisé de dé-
» molir que de bâtir; que ces Pyramides étaient
» éclairées dans leur intérieur par des lumières
» artificielles, et qu'enfin il fallait fouiller dans
» la terre à des distances connues seulement
» des prêtres pour pouvoir y pénétrer. »

Lemacine vient encore à mon secours, et
j'avoue que malgré la conviction où je suis déjà
à cet égard, et que je vais bientôt établir, son
opinion est d'un grand poids pour moi, parce
qu'elle concorde parfaitement avec mes idées.

Voyez, dit-il, la beauté de cette architecture,
la fermeté de ces bâtimens, et l'excellence de
leur situation; c'est un effet de la sagesse *de
ceux qui ont habité avant nous sur la terre,
qui ont été plus puissans que nous*, et se sont
signalés par de plus belles marques que nous
ne pourrions jamais faire, car si nous voulions,
au temps où nous sommes, entreprendre des
ouvrages pareils aux Pyramides, nous n'en
viendrions pas à bout, quand bien même tous
les hommes de la terre se joindraient avec nous
pour y travailler; et si nous nous contentions
seulement du bâtiment d'une seule Pyramide,
nous ne le pourrions encore pas faire, à plus
forte raison comment pourrions-nous parve-

nir à en élever autant comme il y en a en
Egypte.

Mais sans nous arrêter plus long - temps au
merveilleux qui se trouve dans les récits de
Lemacine, voyons à prouver par les lois de la
géométrie, de la philosophie et de la plus saine
raison, que jamais les Pyramides n'ont pu être
destinées à la sépulture des rois, et que par
conséquent elles ont été faites pour tout un
autre usage.

Ceux qui ont lu les relations des voyages faits
en Egypte, depuis 100 ans, par des hommes
aussi éclairés que le lord Templeman, Greaves,
Pocoke, Bruce, Norden, Savary et autres,
dont la plupart ont pénétré dans la Pyramide
la plus septentrionale des trois, qui sont proches
le Caire, jugeront bien par la description qu'ils
en ont faite, et sur laquelle ils s'accordent tous,
qu'il est physiquement impossible que ces Pyramides aient jamais été destinées à la sépulture des souverains d'Egypte.

Voici ce que rapportent ces voyageurs. L'entrée qui est carrée et toujours égale, a de hauteur 3 pieds 6 pouces, et 3 pieds 3 pouces de
largeur. Cette entrée, qu'on peut nommer une
coulisse, parce qu'elle est fort inclinée, descend
par la pente d'un angle de 60 degrés, de la lon-

gueur de 76 pieds 5 pouces 6 lignes ; il faut beaucoup se courber et se tenir des deux côtés du mur avec les mains pour ne pas tomber sur le nez, parce que la descente est comme on voit très-rapide.

Au bout de cette allée, on trouve un passage qui n'est que de la largeur d'un homme, et qui est fort difficile, parce qu'il faut se traîner sur le ventre pendant la longueur de plus de 50 pieds.

Après cette descente on trouve une montée de la même largeur et en pente comme la première, par là on monte la longueur de 111 pieds, et ensuite on trouve deux allées, l'une basse et parallèle à l'horison, l'autre haute, et qui a le même penchant que les précédentes.

A l'entrée de la première de ces allées, on rencontre un puits, de là on grimpe sur une pierre qui a 20 pieds de haut, au-dessus de laquelle il y a une petite voûte d'environ 12 pieds de long, après quoi l'on monte par une ouverture qui n'a que la largeur nécessaire pour pouvoir y passer, il n'y a pas de degrés non plus qu'ailleurs, mais des trous des deux côtés de distance en distance, où il faut mettre les pieds en s'écartant un peu et en s'appuyant par les mains contre les murs qui sont d'une pierre extrêmement bien polie ; ce passage a 70 pieds de long.

On peut juger, par ces accès, combien il est difficile d'arriver à une salle qu'ou trouve au bout de cette allée.

Cette salle est longue de 32 pieds, haute de 19, et large de 16 ; le plafond qui est plat est fait de neuf pierres de 16 pieds de long chacune sur 4 de largeur, lesquelles traversent la salle et vont se reposer sur les deux murs, et au bout, en face de l'entrée, il y a une pierre creusée en manière de tombeau vide, longue par dedans de 7 pieds, large de 3, haute de 3 pieds 6 pouces et épaisse de 5 pouces ; cette pierre est sans couvercle, elle est de porphire vert fort dure, et résonne comme une cloche quand on frappe dessus avec une clé.

Or, est-il possible, d'après les difficultés qu'on rencontre à parcourir ces détours, qu'on ait jamais eu l'idée de s'en servir pour faire la sépulture des rois, puisque bien loin d'avoir l'aisance pour les y porter, on a la plus grande peine à s'y soutenir soi-même.

Il est donc bien plus naturel, bien plus raisonnable, de penser que le gisement et la forme pyramidale de ces monumens ont eu pour objet de fixer, par des méridiens, des stiles, des gnomons inébranlables, la théorie de la projection de la lumière, la distance des planètes au soleil, et l'ordre suivant lequel elles accomplissent leur révolution par rapport à la rotation de la terre.

N'est-il pas plus probable encore que tous ces vides qui ont été pratiqués, et dont les voyageurs ont mesuré les dimensions en s'y introduisant par l'ouverture qu'on rencontre sous la doucine de cette Pyramide, à 48 pieds au-dessus de l'horison, ne sont autre chose que les étalons, les matricules des mesures, dont la géométrie, en calculant les rapports, peut trouver tous les effets qui résultent du temps, de l'espace et du mouvement théorique, immuable des lois de la nature ?

Il faut donc que ces allées, les trous qui sont pratiqués de distance en distance, et qui figurent une chaîne depuis la pierre creuse qu'on trouve dans la grande salle jusqu'au puits, aient eu une autre destination que d'ensevelir des rois ; et cette intention ne peut avoir été que de conserver à la postérité les règles les plus sûres pour trouver toutes les mesures de longueur, de vitesse et de capacité.

C'est ce que je vais tâcher de démontrer.

On doit regarder les Pyramides qu'on trouve

près du Caire, leur nombre et leur disposition relative comme le plus grand hiéroglyphe de l'univers, c'est l'emblème du théorème général des lois de la nature, et le génie tel qu'il soit, homme ou démon, doit être considéré comme ayant pénétré les secrets de l'éternel, et les lois dont il s'est servi pour ordonner l'organisation de l'univers.

Ce fut donc pour perpétuer à jamais, et pour sauver du ravage des temps ces sublimes connaissances, que l'antique génie conçut et exécuta des monumens proportionnés à l'importance du dépôt précieux qu'ils renferment, c'est l'ouvrage hiéroglyphique le plus étendu qu'il soit possible d'imaginer, puisqu'il comprend et expose aux yeux du genre humain les sept colonnes sur lesquelles l'architecte souverain a fondé l'édifice de l'univers en général, et de la nature en particulier.

Ces bases, qui sont comme sept rayons de sa gloire immortelle qui se propagent jusqu'à nous, se présentent à notre intelligence sous la forme d'un théorème dans lequel nous découvrons sept termes de relation, qui sont : 1°. le poids ou la pression ; 2°. le mouvement ou la vitesse ; 3°. le temps ou la durée ; 4°. l'étendue ou l'espace ; 5°. l'intensité ; 6°. l'extensité ; et 7°. enfin l'effet ou le résultat. Or l'effet de la nature est toujours le produit de la pression par l'espace, ou le produit de la pression par le temps et par le mouvement, ou le produit de l'espace par l'intensité et l'extensité, ou enfin le produit résultant à la fois de l'intensité, de l'extensité, de la vitesse et du temps.

Telle est la savante définition que nous donne Paucton dans son admirable ouvrage, intitulé *Théorie des Lois de la Nature*, et je n'hésite pas à avouer que j'ai trouvé, dans sa dissertation sur les Pyramides, une partie des élémens qui me sont nécessaires pour développer et appuyer mon opinion sur le but et l'usage de ces fameux monumens ; quoique nous différions essentiellement du premier principe, puisqu'il en attribue l'honneur aux hommes, tandis que je les en déclare incapables, et que j'en attribue la volonté et la puissance d'exécution à des génies bien plus élevés que ne peut l'être l'entendement humain.

Mais comme on peut arriver au même but par deux chemins différens, cela ne m'empêche pas de rendre hommage à ses vastes connaissances, et je m'estimerai heureux si mon ouvrage peut servir de contrépreuve au sien.

Le premier objet qui se présente à la vue

d'un voyageur qui arrive en Egypte, par les bouches du Nil, est une figure monstrueuse placée au sommet du Delta. Cette énorme statue, qu'on nomme sphinx, c'est-à-dire *force* ou *cohésion*, ou du mot hébreu *sphang*, en latin *redundatio* (surabondance), représente, dans sa partie supérieure, le corps d'une jeune femme avec des mamelles grosses et pleines, et dans sa partie inférieure le corps d'un lion couché sur son ventre. Ce colosse, dont la substance est de roc vif, et dont les dimensions sont telles que le temps ne peut les détruire, est le symbole de la force réunie à la beauté et à la fécondité; c'est l'emblême de la nature : c'était aussi celle du soleil, puisque cette figure était adorée à Memphis sous le nom de Vulcain, et à Héliopolis sous celui du Soleil, et dans d'autres villes sous le nom de Vesta, d'Osyris, etc.; car il est certain que la lumière, le feu et la chaleur, sont les premiers élémens, les premiers véhicules de l'animation de la nature.

Quelques auteurs arabes qui nomment ce colosse Abut-Houl, prétendent qu'il était autrefois renfermé dans un temple magnifique, dont il ne reste plus que la trace de l'enceinte où furent ses fondemens; et cette opinion paraît être confirmée par le témoignage de célèbres voyageurs, tels que Greaves qui y fut en 1638 et 39, et Norden en 1737; ils conviennent tous deux que les pierres qu'on trouve encore çà et là, sont d'une grandeur énorme, et que les temples auxquels elles ont été employées ont dû avoir quelque chose de magnifique et d'imposant. Greaves ajoute, que de son temps il existait encore des ruines d'un pilier d'édifice *à l'est* de la grande Pyramide, et il paraît, par le récit de Pomponius Méla et d'Hérodote, lib. II, que l'on voyait encore ces temples *à l'orient* et tout près des Pyramides.

Il est donc indubitable que le sphinx était l'emblême du soleil, et que, par rapport à cette sublime représentation, il devait avoir un temple magnifique bâti *à l'orient* des Pyramides; car les Égyptiens ont été les premiers peuples qui ont eu l'idée de tourner leurs temples vers l'orient, lieu où se lève le soleil, et c'est d'eux que tous les orientaux, et ensuite les peuples du couchant ont généralement adopté cet usage. Mais puisque le sphinx était l'emblême du soleil, il était indispensablement nécessaire que le génie, qui a conçu un système représentatif aussi vaste, fît, pour compléter cette idée, accompagner ce roi des astres de stiles qui puissent figurer dans leur ordre les pla-

nètes qui forment sa cour et qui sont soumises
à l'impulsion de sa puissance, et c'est en effet
ce qui a été exécuté. Car il est certain qu'il y a
eu autrefois dans le voisinage, et dans une distance justement combinée des trois grandes
Pyramides qui existent encore, quatre autres
qui complétaient le nombre de sept, pour représenter, comme par autant d'aiguilles, l'ordre
des sept planètes, et en même temps, par une
apparence majestueuse, les sept relations qui
constituent la science de la nature.

On sait que les nombres trois et sept ont
toujours été les nombres sacrés et symboliques
des Egyptiens. Le Delta est un triangle dont le
sommet est placé au pied des Pyramides; et le
Nil qui le traverse se rend à la mer par sept
bouches : de même la contrée où sont situées
les Pyramides a été appelée Heptanomis (la
contrée des sept lois), et c'est encore par une
conséquence des sept relations de la nature
qu'on a appelé *Septentriones* (les sept *triones*),
les deux constellations à sept étoiles, la grande
et la petite Ourse, qui sont les plus voisines du
Pôle du nord, sur lequel toute la machine du
monde semble tourner et se mouvoir.

Toute la mythologie des payens est remplie
de groupes de personnages allégoriques, com-

posés par trois et par sept, *numero deus impari gaudet*, Virg., éclog. 8; et en général les mystères de toutes les religions sont cachés sous ces nombres mystiques; c'est que telle est cette grande vérité, que l'univers est gouverné par l'union des sept relations imprimées à la nature par la sagesse éternelle.

Ainsi dans le grand hiéroglyphe des Pyramides, les sept planètes ont dû y être comprises comme première apparence extérieure du système de l'univers, et de notre système planétaire en particulier; et qui sait si le grand nombre d'autres Pyramides, dont l'Egypte était couverte, n'était pas le complément du système astronomique, du moins pour les constellations dont on avait connaissance en Egypte, et qu'on pouvait observer entre les deux tropiques? Car indépendamment de celles dont parle Norden, et qu'on voit en grand nombre à peu de distance des trois grandes Pyramides, Greaves ajoute qu'il en a vu une grande quantité dans les déserts de la Lybie, dont une entr'autres est aussi merveilleuse que les trois premières du Caire, dont elle n'est éloignée que de cinq heures un quart de chemin. Il y en a, suivant le rapport de Belton, cent autres dispersées çà et là dans les déserts d'Afrique, sans compter celles que l'on trouve dans le Darfour et dans le pays de Sakkara, dont une, au rapport du lord Sandwich, n'a jamais été achevée, et de plus celles qui sont encore existantes dans la partie supérieure de la Haute-Egypte, aux environs de Syène et d'Eléphantine. Mais malheureusement aucun voyageur, tant ancien que moderne, n'a songé à nous laisser des observations sur le gisement, les groupes et les distances respectives entre elles, et sur-tout relatives au type primitif de cette ordination uranographique qui était le temple du sphinx. Je suis persuadé que, si on avait levé un plan bien exact de la position de toutes ces Pyramides, on aurait eu une carte réduite à la plus petite échelle de cette partie de la sphère céleste, qui comprend l'ordre et le cours des constellations, et cela dans une ligne parallèle à celle de l'équateur et à l'obliquité du zodiaque; car pour peu qu'on jette les yeux sur la carte, on voit que cette partie de la *syrte* d'Afrique est inclinée à cette direction.

Ainsi et déjà une partie de mon opinion, sur le but qu'on s'est proposé dans la construction de monumens aussi inconcevables, se trouverait confirmée; car je le répète, il serait d'autant plus ridicule de croire que ces Pyramides aient

jamais été faites pour servir de sépultures aux
rois de l'Egypte, que certainement elles n'ont
pas pu être construites, dans un même temps,
par la main des hommes. Or, comme on sait d'une
part, au rapport de Diodore de Sicile, que la
population de toute l'Egypte ne se montait qu'à
7 ou 8 millions d'habitans, et que de l'autre,
au rapport d'Hérodote et de Pline, il a été
employé 360,000 hommes à la seule construction de celle dans laquelle on pénètre aujour-
d'hui ; si l'on suppute la quantité d'années qu'il
faudrait à des hommes d'une stature ordinaire
pour en élever une seule, et si on ajoute à cela
la difficulté qu'on a rencontrée pour le trans-
port de pierres aussi énormes, par rapport à
la localité des déserts de la Lybie, où les autres
Pyramides ont été construites, on conviendra
qu'il aurait fallu plusieurs siècles pour parvenir
à les achever, entreprise qui aurait souffert les
plus grandes difficultés, puisque, suivant Pto-
lomée Lagus, la diminution de la population
s'est fait sentir très-rapidement en Egypte.
D'ailleurs, en supposant que ces bâtimens aient
pu être élevés assez rapidement pour remplir
le but de l'architecte qui voulait en faire la sépulture des rois, je demande quel intérêt pouvait avoir le souverain qui en aurait ordonné

la construction, puisqu'Hérodote calcule cent ans pour trois générations d'hommes, et que s'il est constant qu'il ait été élevé 150 Pyramides en Egypte, il aurait fallu une suite de 150 rois, et une succession de 5100 ans pour remplir tous ces tombeaux, à raison de trois souverains par cent ans.

Cette idée est insoutenable, et moins elle mérite de croyance plus elle confirme l'opinion où je suis sur une autre destination des Pyramides. D'ailleurs il n'est pas dans la nature de l'homme, et encore moins d'un souverain, de prévoir d'aussi loin le luxe de sépulture pour sa postérité; et en supposant que ces bâtimens aient été faits les uns après les autres, il n'est pas non plus dans la nature d'un gouvernement de poursuivre aussi long-temps un système de construction si dispendieux et si inutile à l'humanité. Il faut donc que l'élévation de toutes les Pyramides aient tenu à un plan général, et qu'elles aient été construites à la fois; et certes ce n'est pas la population de l'Egypte qui a pu accomplir un si merveilleux ouvrage, puisqu'en réunissant tous les habitans du globe ils n'auraient pas pu en venir à bout.

Il ne serait pas plus raisonnable d'adopter le

6

sentiment des plus anciens historiens et philosophes, tels que Platon, Elien, Manéthon,
Flavius, Joseph, Hérodote et autres, pour convenir avec eux que des êtres imaginaires, et
qui portent des noms symboliques, tels que
Hermès, que l'on appelle tantôt Athothès,
Thoath, Thoth, etc. ait été le fondateur ou le
conducteur de ces grands monumens. La difficulté de l'exécution aurait été la même qu'elle
le serait aujourd'hui, par rapport à la faiblesse
de la population et la quantité de bras et de
machines qu'il aurait fallu employer pour ex-
traire, transporter et élever des pierres qui,
d'après le rapport de tous les voyageurs, sont
d'une dimension énorme, puisqu'elles ont trente
pieds de longueur sur trois pieds d'épaisseur et
quatre de largeur.

Ainsi il est plus que probable que cet ensemble de Pyramides ont dû être construites
par une puissance surnaturelle à l'homme, dont
les facultés physiques d'ailleurs ont été réduites
à de si faibles moyens depuis l'époque du déluge.

D'ailleurs en supposant qu'un génie humain
eût été capable d'une aussi vaste conception,
d'un plan aussi largement combiné ; quel
intérêt aurait-il pu mettre à son exécution,
puisque la vie, depuis le déluge, étant restreinte

à 90 ans, il n'aurait jamais eu le plaisir de le voir porté jusqu'à sa perfection. L'homme aime à jouir du fruit de son travail, et sans cet espoir nous aurions été privés des sublimes productions des Descartes, Newton et Leibnitz.

Je le répète encore, la construction et la disposition de toutes les Pyramides qui ont existé en Egypte est le plus grand hiéroglyphe de la nature, et les chronologistes arabes, tels que Murtady, Abul-Farage, Abul-Féda et Ben-Aliphasi, qui ont conservé les plus anciennes traditions, disent « que ces monumens, que le » vulgaire regarde comme des masses informes, » sont le chef-d'œuvre de l'esprit humain; que » ce sont des livres profonds écrits en carac- » tères ineffaçables, et sur lesquels le temps » qui dévore tout, n'a pu encore avoir aucune » prise, au moins sur ce que les Pyramides ren- » ferment dans leur intérieur. Les principes des » sciences et des arts y sont tracés en caractères » indélébiles, et le génie qui s'y fait remarquer » inspirera à jamais l'admiration pour l'être, » tel qu'il soit, qui en a conçu le plan. » Et plus on considère la grandeur prodigieuse de ces monumens, la dureté et le choix des matières qui les composent, la justesse et le grandiose des proportions, leur situation sur un roc vif

6 *

au milieu des sables et loin de l'habitation des hommes, on ne peut s'empêcher de convenir que cette réunion de choses si extraordinaires décèle un dessein bien grand et au-dessus de l'esprit humain.

Un seul fait suffirait pour démontrer que ces Pyramides n'ont jamais été construites par la main des hommes, c'est que Gréaves assure, pour l'avoir vu et mesuré, que la base de la seconde Pyramide, du côté du nord et de l'ouest, est composée de deux pièces qui surpassent tout ce qu'on peut imaginer; ce sont deux pierres d'un seul morceau qui ont 30 pieds de large et plus de 400 pieds de longueur.

Dans la construction des Pyramides on a mis une attention scrupuleuse à ce qu'elles fixassent ce qu'il était nécessaire de savoir touchant l'astronomie, les dimensions de la terre et les mesures usuelles dans le commerce et dans la société.

1°. On leur a fait marquer avec précision les quatre points cardinaux du monde, en exposant leurs faces directement au nord, au sud, à l'est et à l'ouest.

2°. On a voulu que la série des nombres naturels fût marquée sur l'extérieur de la plus grande par des degrés, en commençant au sommet par l'unité, et allant se perdre à l'infini par le centre de la terre; car on doit bien penser que les 212 degrés, dont la première Pyramide est revêtue sur ses quatre faces, n'ont pas été disposés ainsi pour la commodité de ceux qui, par curiosité, voudraient monter à son sommet.

3°. On régla que le côté de sa base serait la cinq centième partie d'un degré du grand cercle de la terre, et de plus que cette dimension, qui serait suite de l'étendue d'un stade ou de 600 pieds, serait l'étalon des mesures itinéraires et de distances, qui se diviserait par toutes les mesures usitées chez les Egyptiens, jusqu'à la réduction de 12,800 largeurs de doigts.

4°. On régla encore que la base de la Pyramide, qui contenait un stade quarré, serait l'étalon des mesures de superficie pour l'arpentage des terres, en divisant ce système métrique par les mesures accoutumées.

5°. Enfin pour ne rien négliger et compléter ce grand système des mesures, tant linéaire que superficiel et cubique, on a de plus enfermé dans la Pyramide, lors de sa construction, un étalon des vases, des contenans, qui a été creusé dans un bloc de porphire de forme prismatique, ayant, dans son intérieur, 45 pieds géométriques cubiques, qui font justement la valeur de trois grandes mesures pour les grains susceptibles de divisions, jusqu'à la plus petite mesure qui s'appelait chez les Egyptiens *Cotytes*. Cet étalon des mesures de capacité est encore dans la Pyramide et ne peut jamais en sortir; et ce qu'il y a de remarquable, c'est que le génie, qui a si bien combiné toutes ces dimensions et leurs rapports, a voulu que ce vase fût aussi l'étalon des mesures du corps et de la stature de l'homme, puisqu'au rapport de tous les voyageurs, ce superbe vase, qui est de porphire, et que Pline décrit sous le nom de *leucostychtos*, ou marbre rouge jaspé de blanc, présente, à sa superficie extérieure, 7 pieds de long, un demi-pied d'épaisseur, 3 de largeur et 3 de hauteur, ce qui, par rapport à l'épaisseur, réduit la dimension intérieure d'un demi-pied, et la met juste à 6 pieds de longueur en dedans, ce qui prouve qu'à cette époque la taille ordinaire de l'homme ne s'élevait pas plus que six pieds.

D'après cette définition, je demande s'il était nécessaire d'employer tant de sublimes combinaisons pour enterrer un roi ; l'ignorance seule a pu produire une erreur aussi grossière.

Mais si l'extérieur seul nous donne déjà tant
de lumières sur la véritable destination des Pyramides, quelles connaissances ne doit-on pas
attendre de l'examen de leur intérieur ? Plus
on avance dans ces recherches, et plus on est
frappé du génie qui a présidé à leur élévation :
partout on voit que ces immuables monumens
sont des emblêmes constans de la nature et des
lois qui la gouvernent, exprimés par un grand
hiéroglyphe.

Mais cherchons, par l'étymologie de ce mot,
si cette figure, si cette manière d'éterniser ses
pensées pouvait servir aux vues du fondateur.

Glapho ou *glypho*, en grec, signifie en latin
cavo, *fodio*, *sculpo ;* et en français je creuse,
je fouis, je sculpte, je cisèle, je grave.

De *glapho* dérive *glaphy*, qui signifie en latin *antrum*, *spelunca*, *caverna*, *syrinx*, *tibia ;*
et en français antre, caverne, grotte, conduit,
canal, tuyau, cavité, voûte souterraine.

De *glypho* dérive *glyphé*, qui signifie en latin *sculptura*, *cœlatura ;* et en français sculpture, ciselure, gravure.

Ainsi le mot hiéroglyphe, composé de *hiérôs*
sacré et de glyphé, est un caractère sacré, ou
un assemblage de caractères creusés à vide dans
un corps solide, comme dans un rocher ou dans

l'intérieur des Pyramides, pour fixer d'une manière invariable et à l'abri des injures du temps et des hommes, les sciences et autres connaissances que l'on veut faire passer à la postérité.

Ainsi il n'est pas étonnant que le génie, qui a voulu transmettre ces connaissances, ait pratiqué, dans la grande Pyramide, les creux, les canaux et les vides que nous allons examiner. Poursuivons : D'abord il paraît constant, que cette première Pyramide a toujours été ouverte aux yeux de l'univers, puisque le faux portail par lequel on y pénètre, et qui sans cette intention aurait été inutile, a toujours été le même et tel qu'on le voit aujourd'hui, sauf les dégradations que le temps et les hommes ont pu lui faire éprouver ; (car la main de l'homme est profane, et son penchant au mal le porte plus à détruire qu'à édifier) tandis que les autres, qui sont près du Caire, ont toujours été hermétiquement fermées.

Ainsi on peut croire que l'intention du génie fondateur a été que le secret de la grande Pyramide fût deviné le premier, afin que ce succès engageât les amis de la vérité à ouvrir les autres, pour y chercher les connaissances qui sont la suite de celle dont le principe et le développement, si clairement démontrés par la première, sont incontestablement la base et le fondement.

Il est vrai cependant que les prêtres égyptiens, qui savaient ce qu'elle contenait, en avaient fermé l'entrée pour se réserver à eux seuls ce grand principe des sciences qui avait été le but de sa construction ; et on ne sait pas précisément à quelle époque ni sous quel caliphe elle a été rouverte.

Et certes il est présumable, comme le pensent la plus grande partie des chronologistes arabes, que la seconde Pyramide, qui est située vers l'ouest, renferme des sphères, des globes, la représentation des astres, et par des caractères hiéroglyphes kiriologiques, parce qu'ils représentent la chose même qu'on veut faire connaître, et qui alors étaient figurés par des marbres ou des métaux ; les lois des mouvemens de ces corps, des écrits sur leur nature, et leurs aspects avec les cérémonies usitées pour en corriger l'influence et se les rendre favorables ; et qu'enfin la Pyramide colorée, qui est à l'est, renferme les commentaires des prêtres ; que ces livres, écrits en caractères hiéraliques, dont se servaient les écrivains sacrés, contiennent les secrets de la science des prêtres, leur pro-

fession dans l'un des sept ordres où ils étaient
employés ; leurs actions , leurs règles , et aussi
l'histoire chronologique du temps passé jusqu'à
eux , et la prédiction de tout ce qui doit arriver jusqu'à la fin du monde : et qu'enfin toutes
les autres Pyramides , en tel nombre qu'elles
aient été , renfermaient les secrets et les mo-
dèles de chacune des sciences ou arts qui sont
nécessaires aux hommes.

Ainsi, l'ensemble des Pyramides était l'ency-
clopédie de l'univers, et chacune en particulier
était un volume séparé, dans lequel on était
assuré de trouver tout ce qu'on pouvait désirer
sur telle ou telle partie de science, soit la physique , la chimie, la médecine , l'anatomie , la
mécanique , l'astrologie, les mathématiques et
la musique ; et enfin toutes les sciences abstraites et occultes dont les ramifications s'éten-
dent et se divisent à l'infini.

Les prêtres égyptiens étaient les seuls qui
possédaient toutes ces connaissances , et leur
hiérarchie était distinguée en sept ordres ,
nombre mystérieux dont le chef principal s'appelait *cater,* ou docteur universel.

On sait avec quelle ardeur les plus grands
philosophes de l'antiquité se sont portés à l'école
des Egyptiens. Orphée , Musée , Homère , Py-

thagore, Eudoxe, Démocrite, Platon, Archi-
mède et mille autres, ont été puiser en Egypte
les connaissances qu'ils ont transportées dans
leur pays, et qui de la Grèce sont parvenues
jusqu'à nous.

Mais malheureusement les prêtres égyptiens,
en faisant part aux étrangers de quelques co-
rollaires détaillés de leurs connaissances, ne
leur en ont jamais dévoilé le principe fonda-
mental, et la race des prêtres égyptiens s'est
éteinte sous les empires successifs des Perses,
des Macédoniens et des Romains, sans qu'aucun
ait jamais voulu communiquer à un non *initié*
le secret consacré par sa religion et déposé dans
son sein sous la foi des sermens. Quel exemple
pour les prêtres des autres religions qui ont
trahi cent fois le sentiment intime de leur
conscience !

Mais puisque nous venons de dire que les
prêtres mettaient tant de soins à cacher aux
non initiés les principes de leurs vastes connaissances, je ne puis m'empêcher, avant de
pénétrer dans l'intérieur de la grande Pyramide, de me permettre une légère digression
pour faire connaître quelle était la méthode
dont se servaient les prêtres de Memphis et de
Thèbes pour instruire les initiés, leur faire

passer les différens grades de l'initiation, et après leur avoir fait subir plusieurs épreuves, les conduire au point de leur servir d'oracles pour découvrir les choses futures.

D'abord il faut convenir que les premiers prêtres des faux dieux avaient eu une communication immédiate avec les êtres spirituels dégradés qui ont construit les Pyramides, et cela a dû être ainsi, puisque le principal but de ces mauvais esprits était de détourner l'homme de l'adoration du vrai Dieu, et qu'aussitôt que par la catastrophe du déluge la puissance de ces esprits avait été réprimée, ainsi que je l'ai dit plus haut, et qu'ils n'avaient plus de pouvoir que sur la partie spirituelle de l'homme; ils ont dû ne pas perdre un instant pour agir, et combiner tous leurs efforts pour pervertir l'homme et l'entraîner, par l'appas des connaissances surnaturelles, vers l'idolâtrie; aussi l'Egypte a-t-elle été le berceau de toutes les religions idolâtres que les différens peuples ont établies depuis, et dont les fausses divinités ont inondé la terre comme un autre déluge.

Ici c'était le bon génie qu'on adorait chez les Arimaspes; là c'était Vesta ou le feu qui l'était chez les Romains; chez les Arabes, c'était Sa-

turne ou le ciel ; chez les Phéniciens, Adonis.
Baal, Bel ou Belus était le Dieu des Syriens,
des Assyriens et des Babyloniens. Les Grecs
adoraient Phœbus qui signifie lumière, et Zeus
qui est l'auteur de la vie, et les Romains ont
adoré les Jupiter dont Varron écrit qu'il y en
a eu jusqu'à 300. Enfin l'idolâtrie la plus ab-
surde s'est répandue sur toute la terre, puisque
chacun se faisait des dieux des choses les plus
immondes, et cette source empoisonnée est
sortie d'Egypte, puisque les esprits malins y
avaient établi leur empire; telle est l'origine
de l'idolâtrie. Aussi dans le sens interne de la
parole, l'Egypte est toujours prise pour le
scientifique naturel, tandis que l'Assyrie signifie
le rationel, et Israël le spirituel; mais on ignore
aujourd'hui ce que c'est que la science des correspondances, et cependant les hiéroglyphes
des Egyptiens et les fables les plus anciennes
n'étaient pas autre chose, mais dans une application déjà vicieuse et corrompue, puisque ces
correspondances n'étaient plus que les emblêmes
du culte des faux dieux, tandis que dans les
premiers âges du monde où cette science était
universellement répandue, la science des correspondances n'avait pour objet que les
choses célestes dont elles étaient le représen-

tatif, ainsi que tout ce qui conduisait à la connaissance et à l'adoration du vrai Dieu.

Quoiqu'il en soit, l'idolâtrie a pris naissance
en Egypte, et les temples de Memphis, de
Thèbes, d'Héliopolis, de Vulcain, d'Isis,
d'Osyris et tant d'autres, étaient les lieux où
les prêtres pratiquaient des mystères d'autant
plus infâmes que les mauvais esprits en étaient
les instituteurs et y présidaient. Ces temples
étaient doubles pour tromper plus facilement les
hommes, et c'était surtout dans les souterrains
que les mauvais esprits exerçaient leur empire;
ils inspiraient les prêtres, et les faisaient participer à leur état indestructible de spiritualité;
car l'empire des mauvais esprits est tel, qu'ils
peuvent s'emparer de ceux dont les inclinations
les mettent en correspondance avec eux.

La manière la plus générale dont les esprits
s'emparent de l'homme, c'est en s'emparant de
sa pensée, avec laquelle ils s'unissent de telle
manière que la personne chez qui ils sont regarde les idées qu'ils lui donnent comme si elle
les tirait de son propre fonds, et c'est de là que
les anciens ont pensé que l'homme revenait à
une seconde vie, et qu'il prenait pour un souvenir de ce qu'il avait vu, appris et fait dans la

première les choses extraordinaires qui lui
étaient inspirées.

Mais il y a d'autres esprits que l'on appelle
naturels, corporels, parce qu'ils ne s'unissent
pas seulement à la pensée, et ceux-ci sont les
plus dangereux, ils entrent dans le corps même
de la personne, s'emparent de ses sens, parlent
par sa bouche, agissent par ses membres, et se
servent de l'homme comme d'un corps qui leur
est propre. Ces esprits, dont il est tant parlé
dans l'histoire, sont ceux qui obsédaient et
possédaient les hommes.

Tels étaient les esprits dont le pouvoir avait
été réprimé après le déluge, à la seconde période que j'ai fixée dans le cours de cette dissertation, et qui étaient en communication
avec les prêtres égyptiens. Ainsi ils pouvaient,
par rapport à l'essence de leur spiritualité qui
est toujours dans l'éternité, apprendre à ces
prêtres des connaissances merveilleuses, que
l'étude la plus réfléchie ne peut procurer aux
autres hommes.

Mais comme il n'était pas dans leur pouvoir
de prolonger la vie de leurs victimes au delà du
temps marqué pour l'éternité, ils avaient senti
la nécessité de former des disciples pour perpétuer leur empire.

Ces disciples étaient les initiés, les hommes
et les femmes y étaient admis indifféremment,
et l'un et l'autre dans une proportion relative
à leur sexe; car les prêtres étaient mariés, afin
de pouvoir prendre leurs successeurs dans leurs
propres enfans, et on sait qu'en général il était
très-difficile aux Egyptiens même, et surtout
aux étrangers, de parvenir à l'initiation, puisque
tous les philosophes Grecs n'ont jamais pu l'obtenir. D'anciennes traditions assurent qu'Orphée
y conduisit Eurydice pour la faire initier avec
lui; mais que cette célèbre Thessalienne ayant
été piquée au talon par un aspic, mourut dans
les souterrains du temple de Memphis, et que
ses funérailles, dans les Champs-Elysées, ont
fourni à ce malheureux époux la belle élégie
qu'il a consacrée par les accens de sa lyre.

L'initiation durait 10 ans, et c'est sans doute
à cause de cette durée de temps que le labyrinthe a été édifié, puisqu'il contenait, d'après
Hérodote, tant dans la partie supérieure que
dans la partie inférieure, 3600 chambres, dont
360 qui étaient justement le nombre des jours
d'une année, sans compter les épagomènes,
devaient être habitées l'une après l'autre par les
aspirans.

Il est inutile, dans l'hypothèse où je suis, que

les êtres spirituels ont créé toutes ces merveilles, de vouloir approfondir comment on pouvait subsister dans ces lieux souterrains; la spiritualité qui a élevé ces monumens inconcevables a eu la puissance d'y pourvoir. Dès qu'on est hors de la nature tout est possible; et Cagliostro disait, avec raison, qu'il y a des êtres dont les connaissances finissent là où celles d'autres êtres commencent.

Expliquons la méthode dont les prêtres d'Egypte se servaient pour amener leurs jeunes aspirans à l'état passif des oracles.

Lorsque les prêtres avaient destiné un jeune néophite à cet état, ils lui retranchaient tous les jours, et peu à peu, une partie de sa substance habituelle, jusqu'à ce que l'être matériel (le corps) tombât dans un épuisement presqu'absolu, c'est-à-dire qu'il ne lui restât assez de substance matérielle et terrestre que pour servir d'enveloppe à la partie spirituelle. Alors la spiritualité était à découvert, et elle pouvait agir par elle-même et par ses propres moyens, la machine humaine n'y était plus pour rien, elle n'était plus que comme un vase de verre très-fragile qui contient une liqueur extrêmement spiritueuse.

7

Dans cet état, l'être spirituel appartient à lui-même , il est déjà dans l'éternité, et il s'échapperait bien vîte de son enveloppe si l'expérience des prêtres ne savaient l'y retenir.

Alors, dans cet état où l'ame ne tient plus qu'à un fil, l'esprit se ravit de lui-même et va s'unir à la substance universelle spirituelle pour jouir des prérogatives de son essence. Or, comme il est du propre des esprits de connaître spontanément le passé, le présent et le futur, puisque l'éternité n'a ni temps ni espace, la partie spirituelle de l'adepte , qui jouissait déjà de cet avantage, pouvait et devait prédire l'avenir. Ce fut dans cet état que se sont trouvés les voyans de l'Ecriture, les prophêtes, S. Paul et S. Jean lorsqu'ils disent que leur esprit fut ravi dans le ciel, et c'est encore l'état qui se manifeste journellement sous nos yeux, soit par les somnambules naturels, soit par ceux que l'on force à le devenir par les effets du magnétisme, *ex anima.*

Car être ravi en esprit n'est autre chose que d'avoir les yeux de l'esprit ouverts , et ceux du corps fermés , et cela peut arriver par les moyens qu'emploient les magiciens. La même chose arrive à l'égard des somnambules, parce

que l'homme peut être élevé à la lumière céleste même, si ses sens corporels se trouvent
ensevelis dans un sommeil léthargique, parce
que, dans cet état, l'influence spirituelle peut
agir sans obstacle sur l'homme intérieur. Ainsi
le somnambulisme n'est autre chose que le déta-
chement des sens corporels, c'est un état spirituel où l'homme voit par les yeux de son esprit,
et quand il est uniquement affecté par le sens
spirituel intérieur, il est certain qu'il peut communiquer avec les esprits, et alors les somnambules sont dans la puissance de tout voir
et de prédire les choses futures. Les prêtres
Egyptiens, affiliés aux mauvais esprits, con-
naissaient parfaitement l'art d'atténuer les forces
physiques pour conduire leurs élèves au point
de les faire servir d'oracles ; et quand ils étaient
réduits à cet affaissement total de la nature,
alors les prêtres les interrogeaient sur toutes
les choses présentes et futures qu'ils désiraient
savoir ; et comme les sens corporels étaient
entièrement absorbés, la partie spirituelle,
l'esprit, était forcée de répondre par la bouche
de l'individu, qui n'était plus alors qu'un porte-
voix dont il se servait pour résoudre les ques-
tions qu'on lui avait présentées. Ainsi par ce
moyen les prêtres obtenaient les solutions les

plus certaines sur tout ce qu'ils pouvaient désirer d'apprendre.

Mais toutes ces opérations ne peuvent jamais être considérées que comme l'œuvre du démon, et plus le sujet qu'on y dévoue est jeune, plus il est apte à bien réussir, parce que le spirituel s'unit davantage et avec plus d'empressement à un jeune être dont la partie spirituelle n'est point encore entachée comme dans les hommes d'un certain âge.

Aussi les prêtres ne consacraient-ils à cet horrible usage que des jeunes enfans de dix à douze ans; et voilà pourquoi les anciens nous ont transmis que les pithonisses, les sybilles et les magiciens étaient toujours accompagnés d'un enfant.

Cependant il est à remarquer que ces enfans n'étaient pas possédés dans une relation directe avec les deux sortes de mauvais esprits dont je viens de parler. Non, et ce n'était que par une pratique particulière dont les prêtres avaient appris la méthode par les mauvais esprits, qu'ils les disposaient dans l'état de ravissement. Ces prêtres étaient donc les intermédiaires entre les enfans et les mauvais esprits, et il n'y avait qu'un ordre qui était pos-

sédés, c'étaient ceux qui étaient destinés à rendre par eux mêmes les oracles au pied de la,
triple statue d'Osiris, d'Isis et d'Horus, à ceux
qui se rendaient au temple de la divination.
Après donc que les prêtres avaient appris par
la bouche de l'enfant les secrets et les connaissances qu'ils désiraient acquérir, ils s'occu-
paient du soin de le rendre à la vie par des
moyens convenables à la faiblesse de son état:
et quand il était parvenu à son parfait rétablis-
sement, les prêtres l'instruisaient pour en faire
un véritable initié, et le mettre dans le cas de
leur succéder.

Je ne détaillerai pas ici toutes les cérémonies et les épreuves qui étaient pratiquées pour
la réception des initiés, ni les honneurs qu'on
leur rendait publiquement dans les villes lorsque les prêtres avaient proclamé leur élection;
on peut s'amuser à voir tous ces détails dans
une foule d'auteurs tels que Plutarque, Meur-
sius, dans son traité intitulé *Eleusinias*, dans
celui des *Initiations des anciens* par le père
Laffiteau, dans Kircher, et enfin dans tant d'autres qu'il est inutile de nommer. Il me suffit de
dire que pour la honte de l'esprit humain ces cérémonies, ces initiations aux infâmes mystères
d'Isis ont été pratiquées trop long-temps, tant

en Egypte que dans la Grèce, et même chez les Romains, jusqu'au temps où Marc-Aurèle ordonna la démolition de tous les temples qui étaient consacrés à cette déesse.

Mais je dois, pour terminer cette digression, faire connaître pourquoi les nombres trois et sept étaient des nombres sacrés et mystérieux chez les Égyptiens et chez les autres peuples.

Dans la science des correspondances, nombrer, *numerare*, ne signifie pas compter des chiffres, mais reconnaître, déterminer, constater l'état, la qualité d'une chose. Voilà pourquoi, dans le texte sacré, et surtout dans l'Apocalypse, un chiffre ne signifie pas un chiffre, un nombre, mais que la chose est telle, et voilà pourquoi ceux qui ne connaissent pas la signification des nombres dans la parole ne peuvent jamais savoir les mystères qui y sont renfermés.

Or, on entend par les nombres 3 et 6, 2 et 4, toutes les choses qui sont représentatives du bon et du vrai. Le nombre 3 signifie tout ce qui est vrai : c'est l'emblème de la Trinité, et le nombre 2 ce qui est bon : c'est l'emblème de l'Éternel, dont l'essence est l'amour, et l'existence la sagesse.

Or, en multipliant 3 par 2, on obtient 6 qui signifie que la réunion de toutes les vérités est complète, et en multipliant 2 par 2 on obtient 4, qui signifie tout ce qui est absolument et entièrement bon, attendu que dans la parole les nombres 2 et 4 ne représentent que les biens, et les nombres 3 et 6 ne représentent que les vérités ; d'où il suit qu'en réunissant les deux nombres 3 et 4 on forme le nombre 7, qui représente dans la Genèse la création complète où le seigneur a réuni tout le bon avec le vrai.

Ces nombres 3 et 4 sont les radicaux de tous ceux qu'on trouve dans *l'Apocalypse* ou dans les paraboles de notre Seigneur, dont les multiples, tels qu'ils soient, ne servent qu'à constater l'état, la qualité d'une chose en plus ou en moins. Ainsi 3 $\times$ par 4 donne 12, qui multiplié par lui-même donne 144, etc. ; et cependant ces nombres ainsi multipliés par eux-mêmes ne signifient rien autre chose que la multiplication du nombre simple en lui-même, et cette vérité est d'autant plus évidente, que le nombre 12 et ses multiples ne représentent que les choses qui dérivent du bon et du vrai ; que ce nombre

n'est formé que du nombre 3 $\times$ par 4, et que
par conséquent il représente tout ce qui appartient au vrai et au bon réuni dans une plus
grande proportion. De là la description de la
nouvelle Jérusalem, dont les dimensions et les
ornemens sont tous exprimés par le nombre
12; de là les 12 apôtres, les 12 mois de l'année,
les 12 pierres précieuses qui étaient sur l'éphode
d'Aaron, et qui représentaient les 12 tribus
d'Israël, etc.

Il en est de même de toutes les numérations
employées dans la parole, tels qu'années, mois,
jours, heures, temps, jour et nuit, semaines,
stades, chiliades, myriades, etc., car tout est
figure dans l'Ecriture-Sainte.

Mais comme les premiers habitans du monde
avaient connaissance de la parole, qui est le
livre des livres, et le premier qui ait été à leur
connaissance, à mesure qu'ils se sont éloignés
du culte du vrai Dieu, et qu'ils se sont adonnés
à l'idolâtrie, ils ont falsifié la pureté de la
signification des nombres, et les ont employés
au profit de leurs erreurs, pour envelopper leurs
mystères honteux sous des nombres, des figures,
dont l'origine était toute céleste; et c'est ce que
Saint-Jean démontre si évidemment dans son

Apocalypse, en parlant du nombre 666, qui
était écrit sur le front de la bête, pour prou-
ver.que les biens et les vérités dont les nombres
étaient les figures, étaient déjà perdues, falsi-
fiées, et entièrement dilacérées.

Ainsi, les payens se sont permis, dans le sens
opposé, de se servir de ces nombres sacrés
pour représenter les faussetés et les mœurs qui
faisaient la base de leur abominable culte, c'est-
à-dire la falsification du bon et du vrai, poussée à sa dernière extrémité. Et voilà pourquoi
le nombre qui était sur le front de la bête était
figuré par trois 6, mis à la suite l'un de l'autre,
ce qui fait 666; et cette triplicité est une figure
complète, puisque la multiplication de 6 par
10, qui fait 60, et par 100, qui fait 600, non-
seulement n'affaiblit pas et ne change rien à sa
signification primitive, mais au contraire l'aug-
mente dans le sens opposé, puisqu'elle le fait
passer par les nombres multiplicateurs pour leur
donner encore plus de force. Or, comme dans ce
passage de l'Apocalypse (ch. 13, v. 18) il est question de la profanation de la parole et de la falsification de toutes les vérités, voilà pourquoi le
nombre 666, qui dans son radical est le nombre 6
dans sa plus grande puissance, a été donné à
la bête, comme le signe de la profanation et

le caractère le plus complet de la falsification des vérités divines.

Les·Égyptiens, et tous les autres peuples idolâtres, ont donc abusé de la manière la plus outrageuse des caractères qui servaient de symboles au culte de la primitive église; c'est que l'esprit de l'homme gâte tout, et la plus grande preuve de cette profanation des choses célestes, c'est qu'ils se sont servis de ces mêmes nombres 5 et 7·pour les affecter aux choses les plus opposées : 3 juges infernaux, les 3 têtes de Cerbère, 5 Euménides, 3 Parques, 3 Harpies, 3 Gorgones, 7 Pleyades, 7 Hyades, 7 têtes de l'Hydre, 7 garçons et 7 filles d'Athènes envoyés au Minotaure, etc.

Il est vrai qu'ils s'en sont servis aussi pour représenter la nature par nombres, par mesure et par poids, et qu'ils ont enseigné par le grand hiéroglyphe des Pyramides, que si la nature passive est enveloppée sous trois dimensions, longueur, largeur et profondeur, la nature active est le produit de la force, du mouvement et du temps. Rendons-leur justice pour ce qu'ils nous ont transmis de bon et de vrai, et plaignons-les de s'être laissés égarer par les mauvais esprits pour substituer les erreurs à la place des plus importantes vérités.

Mais il est temps de terminer cette digression, et, pour satisfaire la curiosité de nos lecteurs; poursuivons notre démonstration. Entrons hardiment dans l'intérieur de la Pyramide pour examiner ce qu'elle renferme, et pour nous assurer s'il est possible de supposer que la salle qui se trouve au centre de gravité dans la ligne perpendiculaire de la Pyramide, ainsi que les canaux qui y conduisent, aient jamais pu être destinés à la sépulture des rois.

A peine a-t-on franchi le faux portail D, qui est, comme je l'ai dit, du côté du nord, à 48 pieds au-dessus de l'horizon, on trouve un passage (DE); c'est un canal incliné qui fait un angle de 26 degrés avec le plan de l'horizon. Ce canal n'a que 3 pieds 3 pouces de largeur, et 3 pieds 6 pouces de hauteur; sa longueur est de 100 pieds de roi : ainsi cette coulisse, à cause de sa pente qui est de 60 degrés, donne la première leçon de la théorie des *plans inclinés*, et des lois de l'accélération du mouvement dans la chute des corps graves. Ce passage est nécessairement fort glissant, et pour ne pas se laisser emporter par la rapidité, on est obligé de se coucher sur le ventre et de descendre à reculons.

Parvenu à l'extrémité de ce canal O, on

trouve une ouverture qui n'a plus qu'un pied et demi de hauteur et 2 pieds de largeur. C'est pourtant par ce *pertuis* qu'on est obligé de passer; et Norden dit que les deux Arabes qui vous accompagnent, saisissent chacun une des jambes du voyageur, et l'entraînent ainsi, par ce passage difficile, au travers du sable et de la poussière; et certes on doit convenir que ce passage n'aurait pas été très-commode pour ensevelir un roi.

Ce passage passé, on trouve une place qui, au rapport de Greaves, a 89 pieds de long, et dont la hauteur et la largeur sont partout inégales.

A la main gauche de cette place on rencontre un gros bloc de pierre Z, qui a 9 pieds de hauteur, et qui sert de degrés, à la faveur des trous qu'on y a creusés, pour monter dans une première allée bâtie d'un beau marbre bien poli; cette allée a 5 pieds de large, autant de haut, et 100 pieds de long suivant Maillet.

De là on trouve un second canal EL, qui va en montant par un angle de 80 pieds, et qui donne la théorie des *plans ascendans*. Ce canal, qui a 111 pieds de long, et la même hauteur et largeur que le premier, ne lui cède

en rien pour le travail, puisqu'il est aussi re-
vêtu de marbre blanc parfaitement poli.

Au bout de cette seconde allée il y a un re-
posoir, à la main droite duquel il y a une ouverture qui donne issue dans le puits L. Ce
puits est rond, ses parois sont de marbre blanc;
il a 3 pieds. de diamètre, et on y descend en
mettant les pieds et les mains dans des trous
qui sont creusés dans ce marbre, et qui se ré-
pondent les uns les autres. Ce puits, qui a la
forme du lamed hébraïque dont la figure est
renversée, a, d'après le P. Eléabar, 26 pieds de
profondeur dans sa première ligne verticale,
depuis son ouverture L jusqu'au coude M, qui
est à l'angle un peu oblique jusqu'à son extrémité N; et depuis ce second coude N jusqu'à
la grotte Q, il y a 33 pieds, ce qui fait 59 pieds
depuis l'orifice du puits jusqu'à cette grotte.
Cette grotte est taillée dans le roc vif; elle s'é-
tend d'orient en occident; elle a 15 pieds de
longueur, et le fonds en est formé par des gra-
viers dont les grains sont fortement attachés les
uns aux autres.

Maillet, Norden, et tous les observateurs tant
anciens que modernes, qui ont vu ce canal souterrain, pensent qu'il servait de chemin pour
communiquer dans les autres Pyramides. De

la grotte Q au fond P du puits, on compte 23 pieds, ce qui fait en totalité 82 pieds depuis l'orifice jusqu'au fond où est le canal perdu PR, qui a 125 pieds de longueur dans une direction un peu inclinée, et qui paraît n'avoir été fait que pour servir de réceptacle aux ordures qu'on pourrait jeter dans ce puits. Il est d'ailleurs à remarquer que la profondeur de ce puits dépasse la bâse de la Pyramide de 164 pieds, et qu'ainsi il ne reste dans œuvre de la Pyramide que 43 pieds de profondeur.

Quand on a quitté ce puits mystérieux, au fond duquel Démocrite a dit que la vérité était cachée, *veritas delitescit in puteo*, et qui, bien loin d'avoir été construit pour y puiser de l'eau, puisque sa construction est anguleuse, et que la plus grande partie a été creusée dans le roc vif, où il n'y a nulle source, nul courant, et que sa prolongation depuis la lettre P jusqu'à R est pratiquée dans le sable, pour aller jusqu'à l'infini, ce qui prouve que ce puits ne peut être qu'une leçon de la théorie des lois de gravitation pour l'accélération de la chute des corps.

Quand on a quitté ce puits, dis-je, on se trouve sur une petite plate-forme qui forme, entre les deux galeries L H et la galerie F G, un triangle de 15 pieds de face sur ses trois côtés; c'est qu'indépendamment que c'est une leçon de la théorie des triangles, cette forme triangulaire est au bord de l'orifice du puits encore une image de la vérité qu'on dit être cachée au fond, et qui a donné lieu à cet adage *e puteo veritas.*

Mais cette petite plate-forme remplit un objet bien plus remarquable, en ce qu'elle est comme la clef, le sommet de deux galeries LH et F G, dont la première V E, en grimpant à l'autre, est parallèle à l'horizon; et la figure qu'elles décrivent, et qui est celle numérotée III, représente justement un levier, dont le point d'appui serait en C, le fardeau en A, et la puissance en D : alors, il est facile de voir qu'en supposant uniformes les pressions de la puissance et de la résistance, il y aura équilibre dans cette machine à l'extrémité B. C'est donc évidemment une leçon sur la théorie des leviers, du niveau et de l'équilibre, que ces machines produisent, que le fondateur de cette Pyramide a voulu donner en traçant ainsi les deux galeries dont il est fait mention, et qui sont toutes deux à leurs extrémités terminées par une salle creusée dans la ligne perpendiculaire de la Pyramide.

Quel est donc ce génie dont la vaste conception a consigné par écrit des intentions aussi bien caractérisées et des .connaissances aussi profondes? Si cet ouvrage était de la main des hommes, il faut convenir que ces hommes d'avant le déluge étaient des êtres bien étonnans, puisqu'ils possédaient au suprême degré la théorie des lois de la nature ; il faut encore convenir que de pareils êtres auraient été connus de l'univers entier ; que leur réputation se serait répandue principalement chez les Orientaux, qui étaient les peuples les plus voisins ; et cependant Moïse n'en parle pas : son silence même indique le mépris que cet élu de Dieu devait avoir pour des êtres infinis, dégradés de leurs dignités.

Et de plus, si l'on considère ces trois canaux qui, comme autant de chemins, aboutissent à chacun des angles de la petite plate-forme triangulaire, pour y former un carrefour près du puits, on doit croire que, d'après l'usage où étaient les anciens de placer dans les carrefours, sur les routes, des termes qui représentaient toujours, ou la vérité, ou la sagesse, c'était une allusion à la conduite que doivent tenir les hommes pendant leur vie, qui n'est qu'un passage, et qu'ils doivent toujours avoir la vérité pour dernier terme dans toutes les routes qu'ils parcourent, ainsi que dans les entreprises auxquelles ils se hasardent. Alors, dans ce cas, l'intention du fondateur aurait été encore de donner en cette circonstance, et par analogie, la plus grande leçon de moralité. Enfin, ce triangle, placé comme il est au milieu des canaux qui ont été creusés dans la Pyramide, ne présente-t-il pas un but de moralité bien plus remarquable? Et n'est-ce pas pour nous avertir que, lorsque l'homme est arrivé dans le trajet de sa vie, à l'âge où il doit se connaître assez pour prendre un parti, alors il est libre de prendre le chemin L H, qui l'élève jusqu'à la lumière spirituelle, ou celui F R qui le précipite dans l'abîme, ou celui F G, qui le maintient dans un état d'équilibre, et dans l'impuissance de s'élever ou de descendre?

Ne reconnaît-on pas dans cette leçon les trois principaux types qui forment le caractère des hommes?

Au niveau de cette plate-forme triangulaire on entre dans le canal H G, qui est en ligne droite et parallèle à l'horison. Ce canal, qui a 118 pieds de long, conduit à la salle inférieure qui a 17 pieds 6 pouces de longueur, et 16 pieds de largeur : sa voûte est faite en dos d'âne, et forme un angle dans la direction de l'est à l'ouest. Cette chambre est revêtue partout de

granit extrêmement bien poli; et il est à remarquer, que le point central de cette chambre, par
rapport à sa hauteur, est précisément à la moitié juste du pareil point central de l'élévation
de la salle supérieure et de la bâse de la Pyramide, et qu'elle a été placée à dessein, pour représenter le point où les corps sont obligés de
rester en *équilibre* lorsqu'ils sont entre deux
pressions égales. Et c'est ce que l'expérience
nous démontre journellement lorsque l'on jette
à la mer une ancre qui, ne trouvant pas de fond
pour s'y attacher, reste suspendue à une certaine profondeur, sans pouvoir monter ni descendre davantage, parce qu'elle se trouve alors
comprimée par une pression supérieure et une
résistance inférieure qui sont égales en puissance. La théorie des lois de l'équilibre se trouve
donc suffisamment démontrée par la construction de cette salle inférieure.

Lorsqu'on a fait la visite de la chambre inférieure, on retourne sur ses pas pour regagner
la plate-forme triangulaire, et alors on gagne
le quatrième canal qui va en montant, et qui
s'élève comme un plan incliné de 26 degrés à
l'horison.

Cette galerie LH a 140 pieds de longueur:
elle est toute revêtue de marbre blanc, si bien

poli, et dont les joints sont si justes, que le
chemin en est extrêmement glissant, et qu'il
serait impossible d'y monter si cette galerie
n'avait pas des deux côtés des banquettes qui
ont un pied et demi de largeur, et autant de
hauteur. Au-dessus de ces banquettes, et à l'endroit de l'angle qu'elles font avec les murailles
de la galerie, on a pratiqué, de deux pieds et
demi en deux pieds et demi, des ouvertures de
la longueur d'un pied, larges de six pouces, et
profondes de huit, taillées perpendiculairement, et c'est à la faveur de ces trous qu'on
parvient à monter jusqu'au haut de cette galerie. Norden observe que, si on vient à
manquer ces trous, la pente en est si roide
qu'on glisse à reculons, et qu'on retourne, malgré qu'on en ait jusqu'à la plate-forme triangulaire, à l'orifice du puits.

Peut-on croire que ces banquettes, ces can-
nelures qui règnent dans toute la longueur, et
qui ont été disposées avec tant de symétrie,
aient été faites sans être l'objet d'un grand dessein? Et n'est-il pas plus raisonnable de penser
que les deux côtés de cette galerie sont la représentation de deux chaînes ou de deux cordes,
séparées l'une de l'autre par le chemin qu'elles
interceptent, d'autant que leur trace est conti-

nuée dans la profondeur du puits par des cavités pratiquées dans ses parois? N'est-il pas possible que ces deux côtés représentent l'effet d'un chapelet, dont les chaînons aient été figurés par les mortaises pratiquées jusque dans le puits, pour marquer les intensités de 5 pieds en 5 pieds de distance sur toute la longueur de la double corde, et qui sont au nombre de 60, qui se correspondent deux à deux, ensorte qu'il y en a 30 sur chaque banquette ?

Quand on est capable de mettre tant de symétrie, de combiner des proportions qui correspondent si bien au grand système de l'hiéroglyphique intérieur de la Pyramide, on doit croire que le génie qui a conçu ce système a eu une autre pensée que celle d'ensevelir des rois; et, je le répéterai toujours, cette extravagante idée ne tient qu'à l'ignorance et à la sotte vanité des hommes.

J'ai donc des raisons de persister dans l'opinion que j'ai établie dès le commencement de cette dissertation, et tout concourt à la fortifier; car, si vous suivez ces chaînes jusqu'au haut de la galerie LH, vous verrez qu'elles sont encore conduites dans tout l'espace HK, où elles passent sous une porte d'écluse ouverte pour arriver jusqu'à l'entrée de la salle supérieure K.

Qu'il me soit permis d'ajouter à ces données
quelques pratiques religieuses dont les Egyptiens
se servaient dans la célébration de leurs mystères, elles serviront de nouvelles preuves pour
confirmer mon opinion ; car les usages des nations sont leurs proverbes mis en action ; et
depuis long-temps on a dit que les proverbes
sont le catéchisme de la sagesse des nations.
Or, les deux chaînes d'or qu'on voyait pendues
à la bouche de la statue d'Hermès servaient à
exprimer que la vérité sortait de sa bouche
comme d'une source. La double chaîne, enri-
chie de pierres précieuses, que portait à son
cou le président des juges, signifiait que la vérité est la base de toute justice (Diodore, l. 1);
et Plutarque nous apprend (*de Iside*, n°. 35)
que le 19e. jour du mois de Thoth, consacré
à Hermès, les Egyptiens se saluaient en se ré-
pétant les uns aux autres : *c'est une douce
chose que la vérité.*

Ainsi on trouvait, dans toute l'Egypte, la
trace du grand emblême de la double chaîne
avec laquelle on tirait la vérité du puits, et qui
était renfermée dans la grande Pyramide.

La salle K, où va se terminer cette chaîne,
avait une double destination ; car le vase de
porphyre qui y est déposé est bien certaine-

ment l'étalon des mesures de capacité, mais il n'a aucun rapport avec la confrontation des mesures courantes; et ce qui prouve que cette salle était principalement destinée à ce dernier emploi, c'est qu'elle est la figure représentative de la longueur et des poids de cette double chaîne, à mesure qu'on la tire du puits, et c'est ce qu'on peut reconnaître par les deux canaux opposés pratiqués dans l'épaisseur de ses murs nord et sud, et qui étaient destinés à figurer deux anses ou deux bras de levier, pour pouvoir saisir et soulever un corps aussi pesant par sa longueur.

Mais une remarque bien importante à faire, et qui complète le système de la force du mouvement, et du temps auquel la nature active est soumise, c'est qu'avant d'entrer dans la grande salle, etc., on entre dans une petite chambre I qui a exactement les mêmes dimensions que la salle inférieure G; elle sert d'entrée à deux petites séparations d'égale grandeur, qui sont couvertes d'un marbre thébaïque très-luisant; l'une est séparée de la première par une pierre de marbre rouge jaspé, laquelle est posée dans deux encastremens faits dans les murailles comme les portes d'une écluse. Il s'en faut trois pieds qu'elle ne descende jusque sur le pavé de l'anti-chambre, et deux pieds qu'elle ne touche en haut ; ainsi elle paraît comme suspendue sur ces gonds, et c'est en se glissant par le vide inférieur que l'on pénètre dans un passage quarré qui a 9 pieds de longueur, et qui enfin conduit à l'extrémité septentrionale de la grande salle K. La distance du bout de la galerie LH, jusqu'à cette dernière entrée, est de 24 pieds, et le chemin est parfaitement de niveau.

Il résulte donc de ces dispositions, dans le dernier appareil qui conduit à la grande salle K, que les deux petites séparations, qui sont placées dans la chambre I, et qui ne sont séparées que par une cloison qui figure une écluse, sont le symbole du *mouvement* qui accompagne toujours le *poids* lorsqu'on le tire, et qu'en considérant la salle K comme le magasin général où le *temps* amène pas à pas ; et par des chaînons liés les uns aux autres, elle représente la vérité qui réside dans ce puits. Cette puissance morale arrive encore à son but, puisque ce chapelet s'arrange et enveloppe le vase qui sert d'étalon aux mesures de capacité, pour prouver que toutes les mesures, qui servent aux besoins essentiels de la société, doivent être exactes et combinées suivant tous les principes de la justice et de la vérité. Aussi le but, l'objet et la destination de la dernière salle K se trouve accompli sous ce double rapport.

Telle est la combinaison qui résulte de toutes les cavités qui ont été creusées dans l'intérieur de la Pyramide, dans telle dimension qu'on leur ait donnée; et il est à remarquer que tous ces canaux sont dans la direction du nord au sud. Ainsi, en rapprochant la description que j'ai faite des mesures linéaires et superficielles que présente l'extérieur de la Pyramide, on a un cours complet des différentes théories dont ce grand hiéroglyphe est l'objet.

Mais pourquoi ce vase de porphire est-il placé au centre de gravité, et perpendiculairement à la pointe de la Pyramide ? n'est-ce pas pour nous faire comprendre qu'il est sous l'influence d'une aiguille, qui lui sert comme de conducteur pour attirer et y introduire l'essence de la lumière céleste, principe de toutes choses ? car la forme pyramidale affectée à l'enveloppe qui le couvre n'a pas été adoptée sans motif.

Pourquoi les canaux, les sentiers, qui conduisent au tabernacle qui renferme ce précieux vase, sont-ils d'un accès si difficile, et offrent-ils autant d'obstacles à surmonter ? n'est-ce pas pour nous apprendre que les voies qui conduisent à la sagesse sont pénibles, laborieuses, et qu'il faut une volonté bien déterminée pour vaincre les difficultés qui se multiplient à chaque pas sous des apparences différentes ?

Pourquoi, suivant le témoignage d'Hérodote, de Manéthon, et des plus célèbres chronologistes arabes, tel que Ibn-Almatougi, avait-on déposé dans ce vase un autre vase d'émeraude qui contenait 1,000 pièces d'or très-pur, du poids d'une once chacune? n'est-ce pas pour nous prouver que Dieu est un (*si Deus non est unus non est*), source unique de toutes les richesses qui procèdent de la sagesse, qu'il se répand et se multiplie de lui-même jusqu'à l'infini, et qu'il peut, par sa seule *unité*, multipliée par cent mille millions de zéros, et toujours en augmentant, produire des milliards de milliards de choses plus merveilleuses les unes que les autres dans les globes innombrables qui sont disséminés dans l'immensité de l'univers.

On doit donc regarder ce vase comme le sanctuaire où réside la sagesse qui a ordonné les lois, les relations qui gouvernent la nature, et dont les connaissances, écrites en caractères

ineffaçables dans l'intérieur de la Pyramide,
conduisent enfin à connaître la vérité qui, par
le moyen du puits, pénètre jusque dans la profondeur des abîmes.

Oh ! combien n'avons-nous pas à regretter
d'avoir perdu la science des correspondances
qui était la clef de ces sublimes allégories !

Enfin, pour ne rien laisser à désirer sur l'allégorie de la plus étonnante merveille de l'Égypte,
on voit clairement, d'après la description que
fait Hérodote du fameux labyrinthe, que ce pro-
digieux monument (qui, en hébreu est nommé
biranta, et avec l'affixe *labiranta*, signifie le
palais par excellence), n'est autre chose que
l'emblême de la période sidérale des Égyptiens.
Car pour peu qu'on y réfléchisse, on s'aperçoit
d'abord que les douze salles voutées, qui servent d'entrée, et qui ont leurs portes à l'opposite
les unes des autres, dont six regardent le septentrion et six le midi, ne peuvent représenter
que les douze mois de l'année, dont six, par
rapport à la révolution de la terre autour du
soleil, parcourent le demi-cercle de l'équateur
qui regarde le septentrion, et les six autres,
l'autre demi-cercle qui regarde le midi. Or il
faut savoir qu'avant l'époque du déluge, la

sphère étant droite à l'horizon, les jours et les nuits étaient toute l'année parfaitement égaux, parce que la terre n'avait pas à parcourir, comme elle le fait aujourd'hui, l'obliquité de l'écliptique ; et qu'ainsi chaque année sidérale était justement composée de 360 jours, qui sont le nombre de 360 degrés du grand cercle de l'équateur.

Ce cycle des Egyptiens était composé comme celui dont se servaient les Chaldéens pour mesurer le temps, savoir :

1°. De *sarres* qui étaient de 3,600 jours, ou 10 années, ou 120 mois de 30 jours ;

2°. De *nires* qui étaient de 600 jours ou de 20 mois ;

3°. De *sodes* qui était de 60 jours ou de 2 mois ;

Et quand ce cycle était fini, on en recommençait un nouveau par l'unité. C'est le sentiment d'Eusèbe, de Syncelle, et surtout de Scaliger.

C'est aussi celui de M. Bailly, dans son *Histoire ancienne de l'astronomie*, et on sait encore que, par suite de cette habitude, les Egyptiens, jusqu'à la réforme du calendrier de Jules-César, avaient conservé l'usage de composer leur année de 12 mois de 30 jours, auxquels ils

ajoutaient 5 jours qu'ils appelaient *épago-*
mènes , pour compléter la révolution de la
terre, dans sa déclinaison par rapport à l'écliptique.

Ainsi le labyrinthe n'était que l'allégorie de
ce cycle, et on voit encore que le plancher hori-
sontal, qui partageait par moitié les appartemens souterrains d'avec les appartemens supérieurs, avait pour objet de constater l'égalité
des jours et des nuits; et qu'enfin, en cumulant
ces appartemens, on trouvait d'abord le nombre
de 360, qui était celui d'une année sidérale,
lequel, multiplié par 10, formait le nombre
complet des 3,600 chambres dont parle Hérodote, et qui correspondait précisément à celui
de 3,600 jours, ou 10 années, qui était à cette
époque le cycle égyptien.

J'aurais pu étendre mes recherches et défi-
nir quelques légères particularités que j'ai laissé
échapper, j'aurais pu déterminer géométriquement les dimensions exactes que présente l'extérieur de la Pyramide, et établir la différence
qu'il y a entre la longueur de ses arêtes mesurées
sur ses angles, sa hauteur oblique prise du milieu de chaque côté de la base jusqu'au sommet
(ce qu'on appelle l'apothême), et enfin sa hau-

teur perpendiculaire ou son axe, ce qui établit
une inégalité entre ces trois dimensions, et qui
donne pour les angles 684 pieds 8 pouces, pour
l'apothême 593, et pour la hauteur perpendiculaire 484, quoique toutes ces mesures partent
de la base de la Pyramide pour aboutir au sommet. Mais mon dessein n'a pas été de faire un
traité de géométrie; il suffit de dire qu'une
Pyramide en général peut être considérée
comme inscrite dans un cube, dont les quatre
faces, depuis la pointe du milieu, ont été re-
tranchées, amoindries, déprimées jusqu'à la
base, pour former des quatre côtés des angles
rectangles équilatéraux avec la perpendiculaire,
de manière que s'il fallait rétablir ce cube, il
faudrait y employer, pour remplir le vide des
quatre faces, autant de pierres qu'il en a été
employées dans la masse de la Pyramide.

Je ne sais quel effet cette dissertation pourra
produire dans l'esprit du public, mais j'ai cherché à l'appuyer de toutes les preuves qui m'ont
paru les plus propres à confirmer l'opinion que
j'ai avancée. Je ne prétends pas m'ériger en
autorité, et mes idées sur les puissances qui
ont fondé les Pyramides, ne sont que des conjectures que je présente à l'examen des hommes
qui réfléchissent avant de critiquer; et, après

tout, ces conjectures valent bien celles qu'ont émis certains philosophes modernes, qui ont prétendu que la cause et l'effet du flux et du reflux de la mer dépendaient de l'émigration des harengs ou de la fonte des glaces sous les pôles.

Une dernière réflexion milite en ma faveur, et fera la conclusion de cet ouvrage; c'est qu'en supposant que les hommes eussent été doués d'une aussi vaste conception que celle que présente l'ensemble et le rapport des monumens égyptiens, ils n'auraient jamais été capables de l'exécuter, ne fut-ce que par rapport à la longueur du temps qu'ils devaient employer pour les porter à leur perfection. Ainsi le grand hiéroglyphe des Pyramides est une pensée univoque, qui a dû être exécutée en un seul temps par le génie qui l'a conçue; c'est l'emblême du *fiat lux* de l'écriture, dont la manifestation spontanée, le prompt effet, n'auraient jamais pu être confiés à l'incurie des hommes, ni à la succession des siècles.

Et comme j'ai avancé que les merveilles de l'Egypte étaient l'ouvrage des esprits célestes dégradés, admirons la sublime prévoyance de la toute-puissance qui permet que le mal et l'erreur tournent au profit du bien et de la vérité.

Telles sont les lois de permission.

Je le répète, je ne mets aucune espèce de prétention à persuader qui que ce soit; ainsi, en finissant cette dissertation, je peux dire comme Perse :

Vive memor Lethi; fugit hora.
Hoc quod loquor inde est.

PERS., *Satyr.* V , v. 153.

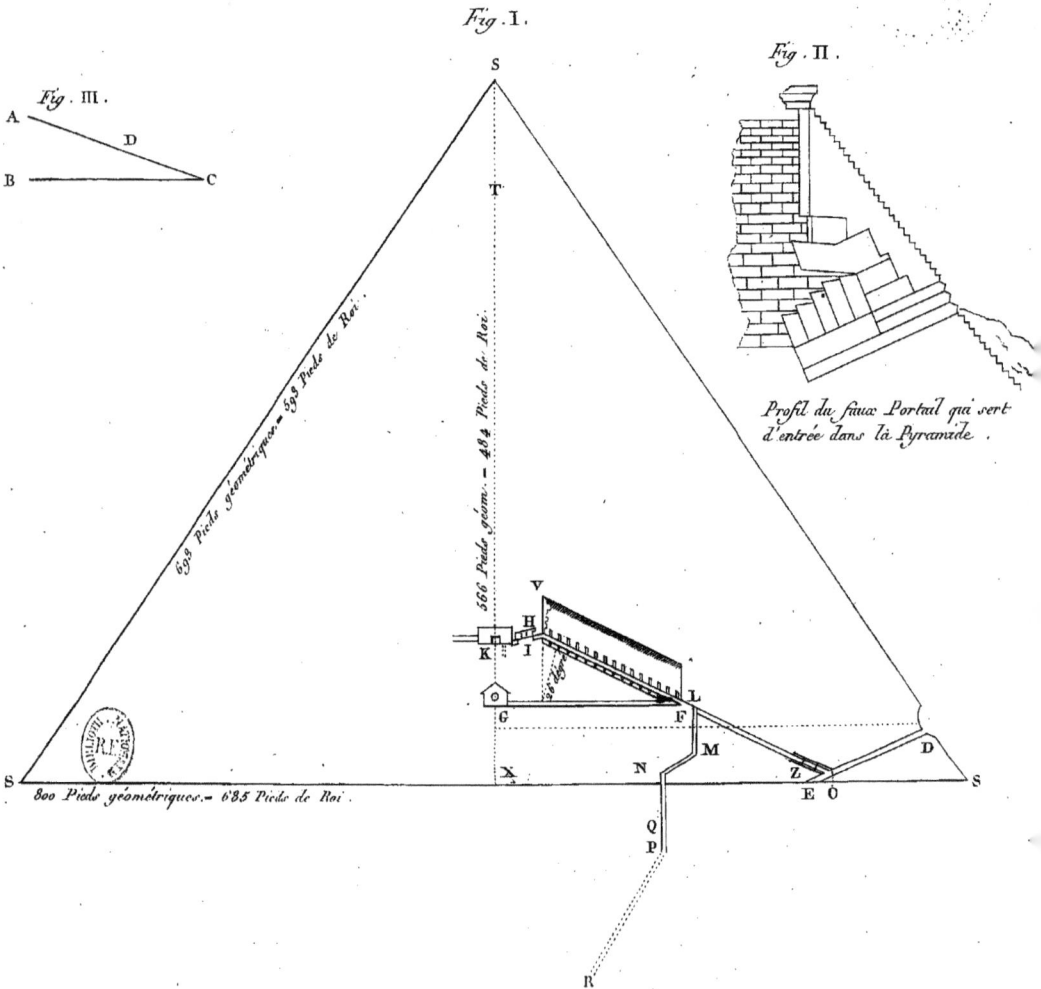

HIÉROGLYPHE PYRAMIDAL,

ou

Traité complet de Géométrie et de Mathématique.

Fig. I.

Fig. II.

Fig. III.

*Profil du faux Portail qui sert
d'entrée dans la Pyramide.*

693 Pieds géométriques = 593 Pieds de Roi.

566 Pieds géom. = 484 Pieds de Roi.

800 Pieds géométriques = 685 Pieds de Roi.

FAUTES ESSENTIELLES A CORRIGER.

———————

Pag. 14, lig. 24, *lisez : Prolepticon*, au lieu de Pro-Prolapticon.

20,	11,	*Fiard*, au lieu de Siard.
25,	5,	*fulfil*, au lieu de fusil.
42,	12,	*Amram*, au lieu d'Amrum.
46, 52, 54,		*Veillants* au lieu de vaillants.
55,	8,	*Litres*, au lieu de Litris.
61,	18,	*Infimes*, au lieu d'infinies.
63,	23,	*Sabala*, au lieu de Sakala.
72,	15,	*théorie*, au lieu de théorique.
97,	8,	Les connaissances commencent là où celles d'autres êtres finissent.
105,	8,	*erreurs*, au lieu de mœurs.
111,	10,	*dernière* FG, en supprimant les mots *première* VE, *en grimpant à l'autre.*
113,	21,	FG, au lieu de HG.
112,	13,	*infimes* au lieu d'infinis.
123,	16,	*Soses*, au lieu de Sodes.

EXPLICATION DE LA PLANCHE.

DE, Théorie des plans inclinés.

EL, Théorie de la progression ascendante.

FL, Théorie des triangles.

FG, Théorie des parallèles et des niveaux.

FM, Théorie des lois de gravitation.

HL, Théorie des lois de l'accélération du mouvement dans la chûte des corps graves par les directions obliques.

FGK, Théorie des leviers.

G, Théorie de l'équilibre.

K, Théorie des mesures de capacité et de la valeur numismale.

I, Théorie de la mécanique, des puissances mo‑trices, du poids et de la pression.

SSS, Théorie des triangles équilangles.

T, Théorie de la perpendiculaire, des à‑plombs et de l'axe.

X, Théorie des mesures itinéraires, des distances, ainsi que des mesures de superficie pour l'ar‑pentage, toutes mesures prises dans celle d'un degré du méridien, dont un côté de la base de la Pyramide est la $\frac{5}{100}$ partie.

Voyez aussi les pages 107 *et suivantes du* Discours.

Enfin, en suivant la série des degrés qui couvrent la superficie des quatre faces de la Pyramide, on trouve la théorie des progressions arithmétiques en commençant au sommet par l'unité, et allant jusqu'à l'infini en se perdant par le milieu de la terre, et même dans l'immen‑sité qui est au‑delà ; théorie d'autant plus exacte, qu'elle se combine par les élémens solides qui forment la Pyra‑mide avec la suite infinie des secondes puissances ou des quarrés de ces nombres.

DISSERTATION

SUR

LA FIN DU GLOBE TERRESTRE.

*Ignem veni mittere in terram , et quid
volo nisi ut accendatur ?*

Ev. Luc. c. 12 , v. 49.

PAR A. P. J. DE V....

DISSERTATION

SUR LA FIN DU GLOBE TERRESTRE.

———

Les esprits forts de ce siècle ne croient à rien;
ils ne connaissent que le sentiment de leur orgueil, mais leur incrédulité est le cachet de leur
ignorance. Dire à ces sortes de gens que la fin
de notre globe est indispensable et prochaine,
c'est exciter leur risée; cependant, s'ils vou-
laient se donner la peine d'étudier, et les traditions religieuses, et les lois éternelles de la
nature, ils verraient que ces deux autorités
s'accordent ensemble pour confirmer cette vérité.

En effet, toute substance matérielle est su-
jette au dépérissement; le genre humain, les
animaux, les arbres, les plantes, la terre végétative, tout se dégrade et s'altère insensiblement
tous les jours. Telle est la loi générale pour
tous les êtres de la nature, et les globes y sont
assujétis comme toutes les choses qu'ils renfer-

ment, car toute matière est périssable; mais le temps, qui use tout, ne détruit rien, parce que Dieu a voulu que tout persiste et se conserve, et que ce qu'il a créé une fois subsiste pour toujours.

Ainsi, les révolutions qu'éprouvent les globes ne sont pour eux qu'un état de métamorphose; c'est le rajeunissement d'Eson; c'est Hercule qui recouvre ses forces, après s'être brûlé sur le mont OEta; c'est le phénix qui renaît de ses cendres.

Dieu ne détruit donc pas les globes quand il les frappe; il en change seulement la surface pour les renouveler; il leur donne un nouvel habit, comme a dit le psalmiste, à l'égard de la terre que nous habitons.

« Elle vieillira comme un vêtement qui s'use :
» Tu la changeras comme on change un habit,
» Et elle sera changée, etc. »

Initio tu Domine, terram fundasti, et opera manuum tuarum sunt cœli, ipsi peribunt et sicut opertorium mutabis eos, ut mutabuntur.

Ps. 101, v. 26, 27, 28.

Ainsi, Dieu rajeunit la terre et les globes à différentes périodes. On a la preuve par le récit même de la Genèse, qu'avant la réparation du globe que nous habitons, il avait déjà éprouvé plusieurs conflagrations.

On a également la preuve que pareil rajeunissement se fait aussi dans le firmament, où l'on voit souvent une étoile fixe, centre d'un monde planétaire, s'éteindre, tandis qu'une autre, qui n'avait pas encore été observée, parce qu'elle avait été frappée, reparaît de nouveau comme ayant subi sa révolution.

Le célèbre Herschel confirme ce fait par ses observations; et M. Delaplace cite, dans son *Exposition du systéme de l'univers,* que l'étoile fixe, qui parut en novembre 1572 dans la constellation de Cassiopée, disparut entièrement en mars 1574, seize mois après sa découverte.

Pline rapporte que, du temps même d'Hipparque, les astronomes chaldéens avaient observé qu'il paraissait de temps à autre de nouvelles étoiles parmi les fixes, et qui s'éteignaient au bout d'un certain temps.

Ticho-Brahé confirme ces observations:

En 1596, David Fabricius en découvrit une, de la troisième grandeur, dans la baleine, qui s'évanouit deux mois après.

En 1600, Kepler en découvrit une dans le sein du Cigne. Cette étoile, de la troisième grandeur, a été l'objet des observations des plus habiles astronomes jusqu'en 1655, qu'elle commença à diminuer de splendeur ; mais elle ne s'est évanouie tout-à-fait qu'en 1661.

Enfin, quantité d'autres ont été également observées depuis les temps les plus reculés jusqu'à nos jours, tant par les Asiatiques que par les Européens ; et Hévélius, à la suite de son ouvrage intitulé : *Prodromus astron.* , en a donné le catalogue d'après les différentes grandeurs de ces étoiles.

On peut aussi consulter à cet égard Simon Marius, Justus Birgius, Joannes Phocyllides, Bulliadus, et enfin, Dominique Cassini.

Ainsi, des soleils s'éteignent pour un temps, parce qu'il entre dans le plan divin qu'une nature, qui s'altère, périsse pour être renouvelée ; et cette puissance n'appartient qu'au Créateur. Mais la philosophie ne suffit pas pour constater ces différentes périodes, et percer dans la nuit des temps ; les astronomes et les géologues ne peuvent former que des conjectures toujours incertaines, et ce n'est que par la révélation, qu'on peut savoir que le dernier monde éteint sur la terre avait été précédé par un autre aussi éteint, et que celui-là avait été précédé par plusieurs autres. Les livres saints nous attestent que ce sera encore par une conflagration générale du globe terrestre, que tout ce qui vit sur la terre, et tous les ouvrages des hommes seront détruits.

Ces successions de révolutions, déterminées par la sagesse divine, ont deux buts : le premier, de purger la terre du mal moral dont elle s'infecte de plus en plus; et le second, de renouveler sa surface, qui se trouve dégradée et usée par le laps du temps; car tout le monde convient qu'elle n'est pas, à beaucoup près, aussi belle ni aussi végétative qu'elle l'était à sa naissance. C'est ce qu'on entend dire journellement quand on se plaint que la terre est épuisée; qu'il lui faut force engrais, et un travail opiniâtre pour la faire produire. Elle a même perdu de sa beauté par le déluge universel; elle en perd tous les jours en vieillissant, et cette dégradation est si sensible, qu'il faut que bientôt elle se renouvelle.

Or, il n'y a pas encore 6000 ans que l'Eternel a renouvelé notre globe, et on doit être porté à croire que c'est au terme de cette période que la restauration de la terre s'exécute; car il ne faut regarder le déluge, arrivé au temps de Noé, et qui est le même que ceux de Deucalion et d'Ogygès chez les Grecs et les Latins, le même que celui de Xisusthus chez

c'est la loi générale, et le moyen que le Créateur a voulu, dans sa sagesse, pour la préser-
vation et la continuation de l'univers; car être
changé n'est pas être anéanti. « Quel est l'homme
» sage qui comprenne pourquoi la terre a déjà
» été brûlée, et qu'elle est devenue sèche
» comme un désert ? » (Jérémie, ch. 9, v. 12.)

D'ailleurs, l'expérience nous prouve tous les
jours que d'incendier les terres est un moyen
certain pour en renouveler les sels, par l'hu-
midité de l'atmosphère que la siccité des terres
attire en soi. Nombre de pays en France n'emploient pas d'autre méthode pour se procurer
des engrais. Cette expérience particulière est
peut-être une tradition des effets de la toute-
puissance.

Appelons maintenant à l'appui de ce raisonnement le témoignage des livres saints. Tous
les systèmes tombent devant eux, et leur autorité est telle, que l'on peut dire que tout ce
qu'ils contiennent est positif, et qu'ils ne laissent
aucune incertitude. En effet, de qui Adam, qui
a inventé les langues, les chiffres, l'écriture,
et donné des noms à tous les animaux, tenait-
il de si vastes connaissances ? Moïse dit que
Dieu, en créant l'homme, avait pris lui-même
la forme humaine, et qu'il le mena par la main

comme un père mène son fils dans un jardin délicieux, où il le doua de toutes les sciences. *Et tulit Dominus Deus hominem, et posuit eum.* Genèse, ch. 2, v. 15. Et on doit d'autant moins douter de la vérité de ce fait, que, si l'homme et les premiers animaux n'avaient pas été créés dès le commencement dans l'état parfait, soit moral, soit physique, ils n'auraient pas été pourvus du lait nécessaire à l'enfant et à l'animal naissant, ni des tendres soins des mères.

C'est donc à la révélation divine que le premier père des hommes a dû ses connaissances, et c'est encore à elle qu'on les doit aujourd'hui.

Mais, sans remonter à des époques si reculées, choisissons des autorités qui soient plus rapprochées de nous.

Le prince des apôtres nous dit, Epître 2, ch. 2 : « Qu'un monde fut éteint sur la terre » avant celui que nous habitons; « puisqu'il dit » que Dieu ne pardonna pas aux angès pé- » cheurs, et qu'il les retint dans le Tartare sous » les chaînes des ténèbres. *Angelis peccantibus non pepercit, sed catenis caliginis detrudens in Tartarum.* (Texte grec.)

Or, le tartare n'est autre chose que les ténèbres dans lesquelles les globes sont plongés, lorsqu'après la conflagration ils sont éteints jusqu'au moment de leur restauration.

Le chef des apôtres dit donc, qu'un monde fut éteint sur la terre, puisqu'il dit que les anges étaient les habitans de ce monde; et on sait que le mot *ange* est synonyme avec celui des *esprits* ou des *ames* après la mort : *mortuus quidem carne, vivens vero* SPIRITU.

Nous voyons, d'ailleurs, que toutes les traditions religieuses des payens sont conformes à cette doctrine de Saint-Pierre, sur la priorité d'un monde éteint avant celui que nous habitons. Mais comme cet apôtre savait par la révélation, par une inspiration divine, que la terre ne peut pas toujours subsister telle qu'elle est, puisqu'il est dans les décrets de l'Éternel d'en changer la surface à différentes époques, comme on change un habit qui s'use; alors il prédit et décrit, au troisième chapitre de la même épître, la future révolution qui éteindra notre globe, après laquelle Dieu donnera de rechef une nouvelle surface à la terre, et y créera de nouveaux habitans.

Et afin que ceux qui demandent, d'un ris moqueur, ce que deviendra la promesse de son second avènement, prédit dans Math., ch. 24, dans les Evangélistes et dans l'Apocalypse, il précise ces deux époques pour qu'on ne confonde pas celle qui est passée avec celle qui doit arriver; et il en constate l'évidence, avec cette certitude qui n'appartient qu'à un apôtre doué des dons du Saint-Esprit.

« Ils ne sauront pas, parce qu'ils ne le vou-
» dront pas, dit-il en parlant des incrédules,
» que déjà précédemment les cieux étaient, *cœli*
» *jam erant prius*, et qu'avec eux le monde,
» enseveli dans l'eau, fut éteint.

» Qu'ensuite, les cieux et la terre furent
» rétablis.

» Qu'ensuite, Dieu punit les méchans par
» un déluge temporaire, et ne sauva que sept
» personnes avec Noé; et que les cieux et la
» terre d'à-présent sont réservés pour être brû-
» lés *par le feu*. » Et enfin, il caractérise les
événemens qui doivent précéder et accompagner cette nouvelle catastrophe, en ajoutant
ces paroles :

« Or, comme un larron vient durant la nuit,
» aussi le jour du Seigneur viendra tout d'un
» coup; et alors, dans le bruit d'une effroyable
» tempête, les cieux passeront, les élémens
» embrâsés se dissoudront, et la terre, avec
» tout ce qu'elle contient, sera consumée par
» le feu. » Epître de St.-Pierre, ch. 3, v. 10.

Cette prophétie ne peut donc appartenir qu'au futur, au temps du second avènement: elle ne peut avoir aucun rapport au fait du déluge, qui était passé bien long-temps avant la prédication de cet apôtre, d'autant que le déluge n'a rien éteint sur notre globe, ni l'homme, ni aucune race des animaux, ni aucune espèce des végétaux; et qu'il est certain, par le récit de l'historien sacré, que, pendant tout le temps que dura cette punition de Dieu, les cieux et les globes de notre monde planétaire ne furent pas arrêtés dans leur marche.

D'ailleurs, ce n'est qu'au chapitre 3 qu'il compare l'effet de la révolution, qui éteignit le dernier monde, à celle qui éteindra le nôtre; et cette division de chapitres sépare évidemment ces deux époques.

Que cette prophétie de la fin de notre monde soit le sujet de la risée, de l'incrédulité et de l'ignorance, il n'en est pas moins vrai que rien ne peut en suspendre l'accomplissement, parce qu'il est dans les décrets de l'Eternel de réparer les globes par la conflagration, à des époques que sa sagesse a prévues et marquées, et dont lui seul, ainsi que Jésus-Christ le dit dans l'Evangile, s'est réservé la connaissance des temps et des momens de ce dernier jour. Et

c'est pourquoi notre Seigneur a dit, en Math.,
ch. 24, v. 34, 35, 36 :

« Je vous dis, en vérité, que cette généra-
» tion ne finira pas que toutes ces choses ne
» soient accomplies.

» Les cieux et la terre passeront, mais mes
» paroles ne passeront point. »

Mais si les esprits forts, qui ne croient pas
aux livres saints, veulent, pour reconnaître
cette prophétie, puiser dans les sources auxquelles ils mettent toute leur confiance, Hésiode, Ovide, et les anciens mythologues, qui
se sont emparés de ce qu'il y a de plus sublime
et de plus remarquable dans l'Ancien-Testa-
ment, pour convertir ces vérités en fables, leur
diront que Jupiter, voulant exécuter l'arrêt
qu'il avait prononcé contre le genre humain,
décida, d'après l'avis de son conseil, que l'*eau*
serait choisie de préférence au *feu*, pour cette
fois; donnant par là à entendre qu'il viendrait
un jour où le *feu* servirait à son tour au même
usage. Ovide décrit ainsi cette catastrophe:

Esse quoque in fatis reminiscitur affore tempus
Quo mare, quo tellus, correptaque regia cœli
Ardeat, et mundi moles operosa laboret.

Mais indépendamment de l'ordre immuable

établi par les décrets de l'Eternel pour le re-
nouvellement de toutes les choses de la nature,
une des causes qui a dû nécessairement accélérer le dépérissement de notre globe et du genre
humain, est la nouvelle direction que la terre
a été obligée de suivre après l'événement du
déluge ; car il est généralement reconnu qu'a-
vant le déluge il ne pleuvait pas sur la terre, et
que la température était la même et toujours
égale partout le globe. Cela devait être ainsi,
puisque la sphère était droite, et que la route
du soleil ne changeait pas alors de parallèle
dans le ciel.

Aussi, à cette époque, les habitans de la terre
ont dû, ainsi que nous le témoigne l'Ecriture,
jouir d'une durée de vie de plusieurs siècles ;
car qui peut douter que la constitution physique
des premiers hommes, telle robuste qu'on la
suppose, eût pu résister si long-temps aux
coups multipliés, aux influences si funestes
d'une température aussi variée que celle que
nous éprouvons aujourd'hui.

D'ailleurs, la terre produisait alors des fruits
et des racines d'une saveur excellente et nutri-
tive; l'homme n'était pas assujéti à un travail
aussi pénible, il se nourrissait sans peine, et
sans être obligé d'avoir recours à la chair des

animaux; car il est encore dit dans l'Ecriture,
que ce ne fut qu'au sortir de l'arche, que Dieu
permit à l'homme de manger les animaux, et
qu'il l'obligea d'employer les ressources de l'in-
dustrie et du travail pour pourvoir à sa subsistance.

Mais depuis le déluge, la route du soleil
ayant reçu une nouvelle direction par rapport
à l'équateur, dont l'obliquité l'écarte chaque
année de 23 degrés et demi, tant au nord qu'au
midi de ce cercle, et ce changement ayant
amené une grande variété dans l'atmosphère
terrestre, alors la sentence prononcée contre
l'homme eut une rigoureuse exécution. La terre
devint stérile, et l'homme, obligé de vivre du
fruit de son labeur, a été contraint de se livrer
à un travail continuel pour labourer, semer et
récolter à propos les denrées nécessaires à sa
subsistance; sa constitution s'est altérée promp-
tement, et la durée de sa vie s'est abrégée au
point de n'être plus à présent que la dixième
partie de ce qu'elle était auparavant.

Tel est maintenant l'état du monde depuis le
déluge, arrivé suivant le texte sacré l'an 2348
avant l'ère vulgaire, et cette révolution est une
limite invariable, au-delà de laquelle il ne se
rencontre plus aucun monument authentique,

ni aucunes observations astronomiques sur lesquelles on puisse compter.

Ainsi, ce n'est qu'à dater de cette époque qu'on peut raisonnablement croire que le zodiaque a été inventé, malgré les assertions de MM. Dupuis, Deluc et autres, qui d'après des suppositions fantastiques, prétendent en reculer l'invention bien avant que notre globe ait été habité, depuis la période de sa dernière réparation.

Ce système est d'autant plus faux que le zodiaque n'a pu être inventé que pour régler les travaux de l'agriculture par les constellations qui composent ce grand cercle, et il est certain que l'accord des saisons avec les signes du zodiaque, aurait toujours été parfait, si l'année eût été purement sidérale ; mais il ne tarda pas à s'altérer, à cause du mouvement apparent des fixes, qui rend l'année tropique plus courte que la sidérale, en faisant rétrograder les points équinoxiaux et solstitiaux de 50 secondes de degrés par an, d'un degré en 72 ans, d'un signe en 2145, et du cercle entier en 27730 ans, et c'est ce qui résulte de la précession des équinoxes, dont aucun astronome n'a encore pu calculer la véritable évaluation.

On appelle précession des équinoxes la différence qui existe aujourd'hui entre les constellations réelles et les signes qui y répondaient autrefois, lorsqu'on a figuré les divisions du zodiaque en dodécatemories, de manière que comme ces constellations s'écartent par leur marche rétrograde de 5o secondes de degré tous les ans de la colure des points équinoxiaux, tandis que la figure des signes adoptés autrefois pour diviser le zodiaque, n'a pas changé; il est arrivé que le bélier qui répondait jadis au signe de la première constellation du zodiaque, répond maintenant au second, et ainsi des autres, et ce déplacement, que l'on nomme précession des équinoxes, est la cause que l'équinoxe du printemps arrive aujourd'hui lorsque le soleil est dans le signe des poissons, au lieu de se trouver dans celui du taureau, qui ouvrait l'année rurale au temps de Virgile, et même de celui d'Hésiode, qui a vécu plus de 900 ans avant le premier, et qui conseille dans son ouvrage, intitulé *les OEuvres et les jours* (*lib. II, v. 1, 2*), de commencer les labours au coucher héliaque des pléiades, qui forment le milieu de la constellation du taureau, et Virgile donne également ce précepte dans son premier livre des *Géorgiques.*

Candidus auratis aperit cum cornibus annum Taurus.

Cette route du soleil, qu'on appelle le zodiaque, et qui est tracée dans le ciel, par le moyen des étoiles fixes groupées en constellations à des points remarquables, à cause de son obliquité par rapport à l'équateur et c'est par les observations de ces étoiles, avant ou après le coucher du soleil, qu'on dit qu'il entre dans un des douze signes qui partagent sa route, et dont les astérismes des uns commencent là où celles des signes précédens finissent.

Sans cette obliquité, on n'aurait connu que l'année sidérale pour mesurer le temps et la durée de la vie humaine, chose qui était très-facile à obtenir, en observant seulement le coucher ou le lever héliaque d'une étoile quelconque.

L'ascension du soleil a un point culminant où il s'arrête chaque année pour descendre, et quand il est au plus bas de sa descente, il s'arrête de nouveau pour remonter. Ces deux bornes sont appelées *tropiques;* mais entre les tropiques, il y a deux termes moyens, qu'on nomme les *équinoxes,* à cause de l'égalité des jours et des nuits, et c'est quand le soleil se trouve vers le moyen terme ascendant que le printemps commence. Mais à cet égard, il est bon d'observer que le partage entre ces quatre

points cardinaux, n'est pas exactement juste,
parce que l'intervalle compris entre l'équinoxe
du printemps et celui de l'automne, est de huit
jours plus long que celui de l'automne au printemps, par la raison que le soleil parcourt pendant l'été la partie la plus grande de son ellipse,
ce qui ralentit un peu son mouvement.

Il résulte de là que comme il est généralement reconnu, et même avéré, tant par le texte
sacré que par les monumens astronomiques et
physiques du globe terrestre, que le déluge ne
remonte guères qu'à 3460 ans; ce n'est qu'a-
près cette époque que le zodiaque a pu être inventé, et que le printemps, comme le prouve
le calendrier de Job, qui est le plus ancien monument d'astronomie qu'on connaisse, a dû
d'abord être signalé par les Pléiades qui forment le 15e. degré du signe du Taureau; qu'ensuite il a rétrogradé de tout le signe du Bélier,
et qu'enfin il se trouve aujourd'hui entre le 6e.
et 7e degré des Poissons, que nos almanachs
nous marquent encore comme le signe du mois
de février.

Ainsi, puisqu'il est prouvé que le déplacement
de l'axe de la terre a dû accélérer le dépérissement du globe et du genre humain, il faut né-

cessairement qu'il éprouve bientôt une nouvelle révolution, pour être réparé.

D'ailleurs, il est aisé de s'apercevoir que la terre est déjà condamnée, et qu'elle est en état de proscription. Les fléaux, l'inconstance des saisons, les orages, les inondations, les maladies nouvelles et contagieuses, et plus encore les signes annoncés dans l'Evangile comme les avant-coureurs de la fin du monde, où il est dit en Mathieu, chap. 24, v. 7, « on verra se soulever peuple contre peuple, royaume contre royaume, et il y aura des pestes, des famines, des tremblemens de terre en divers lieux, tout nous avertit que ce terme fatal approche; jour terrible où le juge suprême viendra citer à son tribunal les potentats et les sujets, et si on réfléchit aux différentes prophéties qui annoncent cette indispensable catastrophe, on peut en fixer l'époque à l'année 1999 de cet ère, qui sera le terme où finira cette génération. »

Trois grandes lumières de l'église, Cyprien, Jérôme et Augustin, dont l'opinion est conforme à celle de tous les anciens pères, tels que Lactance, Ambroise, Irénée, Justin, et tant d'autres docteurs qu'il n'est pas besoin de nommer, nous apprennent, que la fin du sixième millenaire sera l'époque de l'avènement du souverain juge et de la consommation du temps.

Nondum enim sex millia completa sunt, quo numero consummato, tum demum malum omne tolletur ut regnet sola justitia.

LACTANCE, Divin. inst.
Epitome.

Les Juifs savaient par une ancienne tradition qu'ils tenaient d'Elie que le monde devait durer 6000 ans; savoir, 2000 ans sous l'état de nature, avant la loi; 2000 ans sous la loi, et 2000 sous le Messie.

Ainsi, d'après les autorités que nous venons de citer, il paraît prouvé que le monde, ou la terre que nous habitons, et qui d'après notre système chronologique, compte aujourd'hui 1812, ne doit plus durer que 188 ans, et qu'à cette époque la terre sera incendiée, suivant les prédictions des prophètes et des évangélistes.

« Parce que le Seigneur notre Dieu est un » feu dévorant. »

Deut. IV. 24.

« La terre d'où le pain naissait comme de son » lieu a été renversée et détruite par le feu. »

Job, XXVIII. 5.

« Car le seigneur va paraître dans les feux
» pour exercer sa vengeance au milieu des
» flammes. »

Isaie, LXVI. 15.

« Le Seigneur viendra environné de feux et
» armé de son glaive, pour juger toute chair ; le
» nombre de ceux que le Seigneur tuera se
» multipliera à l'infini. »

Ibid. 16.

« Quel est l'homme sage qui comprenne pour-
» quoi cette terre a été brûlée, et qu'elle est de-
» venue sèche comme un désert, sans qu'il y
» ait personne qui y passe. »

Jérémie, IX. 12.

« Il les punira d'une manière inouie, et la
» flamme du feu les dévorera. »

Ecclésiastique, XLV. 24.

« Encore un peu de temps, et j'ébranlerai les
» cieux, la terre, la mer. »

Aggée, II. 6.

Nota. Les citations de l'Écriture-Sainte sont toutes
prises dans la traduction de la Vulgate, faite par
M. de Sacy.

www.ingramcontent.com/pod-product-compliance
Lightning Source LLC
Chambersburg PA
CBHW052050090426
42739CB00010B/2114